LA在住のママがやっている

アメリカ式
はじめてのお金教育

お金の教育アドバイザー
著者 ひろこ

KADOKAWA

はじめに

こんにちは。日系大手企業支社の経理部に勤務しながら、7歳の息子とロサンゼルスで暮らしているひろこです。

私は息子が4歳の頃に「お金の教育」を始めました。私自身は小・中・高と日本の公立学校に通っていたため、大人になるまでお金の知識はほとんどありませんでした。その結果、資産形成をしていなかったことはもちろん、クレジットカードの返済に苦労していた時期もありました。しかし、離婚をきっかけにお金について猛勉強。お金の知識を持っていることが、自分の経済的な自立や安心に繋がることを身に染みて感じました。

そんな経験から「息子には絶対に子どもの頃からお金の教育をしよう！」と心に決め、アメリカ人の友人に聞いたり、本や金融サイトで調べたり、試行錯誤をしながら家庭でのお金の教育に取り組んできました。

始めた当初は、アメリカの子どもたちが家庭や学校で受けている「お金の教育」が、日本とはまったく違うことに驚きました。

お小遣いは、年齢に合わせた「定額制」の代わりに、お手伝いによる「報酬制」を取り入れている家庭が多く、働かなければ何ももらえません。小学生はガレージセールやレモネードスタンド（P9）で、家庭以外でも、働いてお金を稼ぐことを実践的に学びます。「投資」や「寄付」といった日本では子どもにあまり教えないようなお金の概念を、小さい頃から教えている家庭も多くあります。

高校生になると、ローンやクレジットカードの利子の仕組み、老後に向けた資金計画など、将来必要になるお金の基礎知識を学びます。友人の娘さんは、高校で実際の株式市場と同じ動きをする、投資シミュレーションアプリを使用した授業を受けていました。自然と、経済ニュースや企業の取り組みに興味が湧く仕組みが、教育としてあることに感動しました。

そんなアメリカ流の「お金の教育」を息子と実践してみると、当初の目的であった「経済的な自由と安心を子どもに与えること」だけではなく、「生きていく上で本当に大切なこと」を教えられると気づきました。詳しくは本書に記してありますが、お金の教育が、子どもの価値観や、その後の人生に大きな影響を与えることは間違いないと思っています。

本書は、私が息子と行なっている「お金の教育」をもとに、住んでいる場所や金銭的な事情は関係なく、どの家庭でも取り入れられる内容になっています。ご家庭で楽しく「お金の教育」に取り組むための、お役に立てたら嬉しいです。

お金の教育アドバイザー　ひろこ

Contents

※日本円のドル換算は、その他の記載がある場合を除き1ドル＝150円で計算しています。

STAFF
カバーデザイン
阿部早紀子
本文デザイン
徳本育民
イラスト
おととみお
校正
麦秋アートセンター
4章監修
豊田眞弓
執筆
石川あさみ
編集・制作
石黒太郎（スタジオダンク）
長坂奏里（スタジオダンク）
編集
竹内詩織（KADOKAWA）

お金に関する日米の違い

日本

お金の話に対する反応

日本とアメリカでは、文化や習慣に様々な違いが見られますが、「お金の教育」に対する考え方も大きく異なります。

そもそも日本では、お金について話をすることを、「はしたない」とか「下品」と考える風潮がありました。お金について質問をすると、「子どもはお金のことなんて気にしなくていいの」と話を変えられてしまいましたし、「これ、いくらだった？」と聞くと、「お金のことばっかり気にして！」と叱られたものです。

最近ようやく子ども向けの金融教育に注目が集まりつつありますが、日本はまだ「お金の話をしない社会」だと感じます。

このカバン素敵でしょ！8万円もしたんだよ！
す、すごいね！
品がないな…

今の給料は安すぎる
会社のためにこんなに働いてるのにさ
図々しいなあ…

アメリカ

お金の話に対する反応

アメリカでは、日常の会話でお金の話がでてくるのが当たり前。外食をした時も、「ここは雰囲気がいい分、この前の店よりも高いんだろうね」なんて話を自然にします。息子も「僕、お金って大好き！　ママは？」と聞いてくるくらい。

「お金の教育」に対しても積極的で、幼児向けのお金の絵本があったり、小学校低学年向けの金融ボードゲームがあったり。算数の文章問題も、お金を稼いだり銀行にお金を預けたりといったリアルなシチュエーションが多いです。高学年になると、「経営」や「サプライチェーン」といったものまで学ぶんですよ。

僕、将来、お金持ちになりたいんだ！
僕も！NBAの選手になって稼ぐんだ！

ボスに給料を上げてほしいって言ったの
ダメだったら、もっと稼げる会社に転職する予定！
頑張ってるなあ

日本

お小遣いのシステム

日本では、お小遣いは学年に合わせて金額が決まることがほとんど。2015年に行われた金融広報中央委員会の「子どものくらしとお金に関する調査」によると、中高生でも約7割が「定額制」でした。小学生だと、お小遣いを渡していない家庭も多く、「ひとりで遊びに行かせていないから」「必要な時は渡している」という感じ。欲しい物がある時は親に伝え、親が許可したらお金をもらうスタイルが多いようです。

ちなみに、お年玉はほとんどの子がもらっていますが、小学生の5割、中学生の3割が「家の人に渡す」と回答しています。

3年生になったから、月300円ね！

やったあ！
おばあちゃんが2000円もくれた！
お年玉

アメリカ

お小遣いのシステム

アメリカでは、決まった額のお小遣いを渡している家庭は少なく、「お小遣いは自分で稼ぐ」という考えが主流。家のお手伝いはもちろん、近所の家の犬の散歩や芝刈りをしてお小遣いを得ることもあります。

お金を稼ぐことに憧れる子も多く、使わなくなったオモチャや着なくなった服をガレージセールで売ったり、友人とレモネードを作って売ったりすることも。特に「レモネードスタンド」は、子どもたちが計画を立て、必要な経費を計算して価格を決めるので、勉強の場にもなっています。日本でも、数年前から「レモネードスタンド」がチャリティーで行われています。

お父さんのベッドメイキングをしよう！
お手伝いをしてくれたから1ドルだよ！

50ドルも売れたよ！
LEMONADE

日本

お小遣いの使い道

さて、もらったお小遣いについてはどうでしょうか？　ニフティ「みんなのホンネ調査レポート」（２０２２年）によると、小中学生のお小遣いの使い道の１位は「貯金」。次いで本や雑誌、お菓子やジュース、文房具などに使うことが多いようです。

日本では、貯金ができる子が「賢い」「計画性がある」というイメージなのでしょう。私と同じくらいの年代だと、親から「無駄遣いしないんだよ」「しっかり貯金しておきなさい」と言われてきた人も多いと思います。その影響か、「貯金がある人＝真面目で堅実な人」と判断する傾向がありますね。

お小遣いは
とりあえず貯金！
使ったら
もったいない！
チャリン
¥

本や雑誌も
よく買うよ！
BOOK

アメリカ

お小遣いの使い道

　投資の教育を受けているアメリカでは、「貯金なんてもったいない」「使わないお金は投資しよう」という考えが主流で、地域にもよりますが、中学生くらいになると実際に投資を始める子もいます。

　2019年に行われたAICPA（American Institute of CPAs）の調査によると、お小遣いの使い道の1位は「友達とのお出かけ」で45%、次いでデジタル機器やダウンロードが37%、オモチャが33%くらい。貯金はわずか3%でした。

　ちょっと極端な気もしますが、日本とはお小遣いについての根本的な考え方が違うことがわかります。

貯金するなんて
もったいない！
投資信託を
買うよ！

友達との
時間が大事！

日本

寄付に対する意識

寄付に対しても、日本は真面目すぎる印象を受けます。たとえば「大学の学費を寄付してください」と言われた場合、「何を勉強するの？」「ちゃんと卒業できる？」「卒業後は何をするの？」という感じで、自分たちの寄付金が無駄にならないかを気にします。学費が払えない正当な理由も必要です。不幸な生い立ちや病気など、止むに止まれぬ事情がないとなかなか寄付は集まりません。

また、寄付やボランティアをする人に対して「売名行為」「自己満足」という声が上がる風潮もあります。そのせいか、まわりの目を気にする人も多いですよね。

ちゃんと被災地に
行くのかな？
心配だな
募金

いいかっこ
しやがって！
偽善者め！
NEWS
寄付

アメリカ

寄付に対する意識

アメリカに住む人の多くは、宗教的な理由もあり、子どもの頃から慈善教育を受けて育ちます。そのせいか「寄付は特別なこと」「お金に余裕のある人がすること」という感覚はほとんどありません。「少額でもいいからいつでもする」ということが習慣になっているんですね。日常のことなので、寄付したお金がその後どうなるかまで追いかける気がない人が多いんです。

こんな風に、日本とアメリカはお金についてまったく違った感覚を持っています。お互いのよい部分を取り入れた「お金の教育」ができるといいですね。

寄付
$1
へえ、
環境保護ね！
1ドル1ドル！

これは
寄付用のお金！
¥

COLUMN

「自分で決める」練習で、健康でハッピーな生活を送ろう

朝、枕元に着る洋服が置いてあって、「朝ごはんできたよ！」「今日はパンなの？シリアルがよかったなあ！」「ワガママ言わないで食べなさい！」なんて食事をする。よく見る日本の朝の光景ですよね。

アメリカでは、「今日は何を着たい？」「何を食べたい？」と、子どもに決めさせるのが主流です。朝から晩まで、“What do you want?”と“That's your choice!”の繰り返しで、歯を磨く時ですら、「歯を磨きたい？　磨きたくない？」と聞くほどです。息子が通う小学校の先生も、「1日に10個は、子どもたちに『自分で決める』選択肢をあげるようにしています」と言っていました。

安全や規律を守る中で、子ども本人に「決めさせる」のがアメリカの子育てです。この本に記してある「お金の教育」も、子ども本人に「決めさせる」ことをベースにしています。

では、自分で決めたり選んだりすることには、どんな効果があるのでしょう。アメリカの心理学者であるエドワード・デシとリチャード・ライアンは、「人間は、『自律性の欲求』を持っていて、その欲求を支えられることによって、健康で幸福に生きら

自律性欲求
自分の行動を自分で
決めた時に感じる
どっちに
しようかな？
満たされると
ハッピーな気持ちに
なれる
有能性欲求
できることが増えた時・
好奇心が満たされた時に感じる
手応えが
あったぜ！
関係性欲求
誰かと繋がっていると
思えた時に感じる

れる」という、「自己決定論」を提唱しています。確かに、何かをやろうと思っている時に「早くやりなさい！」なんて言われると、一気にやる気がなくなりますよね。この、「自分の意思で行動していると認識したい！」という欲求を満たすことによって、ハッピーになれるのだそうです。

自分で決めるということは、その都度、「自分はどうしたいのかな？」と考えることです。考えるクセのない子は、「何が食べたい？」と聞かれても、「わかんない」としか答えられないこともあるので、2択から始めてみるといいでしょう。

「ズボンとスカートどっちをはく？」

「麦茶とお水どっちを飲む？」

これなら答えやすいですよね。「今お風呂に入るのと、10分後にお風呂に入るのどっちがいい？」のように、やるタイミングについて聞くのもアリ。「お風呂に入りなさい！」と怒ると「今、入ろうと思っていたのに」となりますが、自分で決めたなら、気持ちよくやれるのではないでしょうか。

反対に、なんでも親が決めてしまうのはＮＧです。

「今日は寒いからズボンでいいよね？」

「今日の朝ごはんはパンだから、牛乳でいいよね？」

この質問は、考える機会を与えず自分でやっているという感覚を奪ってしまうので、「自分で決められない子」になってしまいます。

注意点は、歯を磨くかどうかのような質問の時は、「磨かなかったらどうなるのか」も一緒に伝えること。「磨かないなら、甘いものは食べられないよ」などの制限を設けるのもいいですね。デメリットを理解した上で、自分で選択できる状態が理想です。

PART 1

稼ぐ

Earn

アメリカでは「お小遣いは自分で稼ぐ」という考えが主流。本章では、お金は「稼ぐもの」だと学べるポイント制お小遣いの導入方法を伝えます。

報酬制お小遣いで お金は「稼ぐもの」だと伝える

子どもにお金の教育をしようと思った時に直面するのが、「お小遣いはどう渡すのか」問題。お小遣いの渡し方には、年齢に合わせて決まった額を渡す「定額制」やお手伝いに対してお金を払う「報酬制」、またはその両方、必要な時に親に説明してお金をもらう「申告制」など、様々な方法があります。中には、必要な物は親が買うのでお小遣いは渡していない、という家もあるかもしれません。それぞれ違ったメリットがあるのだと思います。

私が住んでいるアメリカでは、お手伝いに対してお小遣いを渡している「報酬制」を採用している家庭が多いようでした。隣の家の芝生の手入れをしたり犬の散歩をしたりしてお小遣いをもらう、なんてこともよく聞きます。

この方法のメリットは、お金は「もらうもの」ではなく「稼ぐもの」だ、と子どもに教えられること。我が家も、息子がお金に興味を持つようになった4歳くらいから、「家の前の落ち葉を掃除してもらったから25セント」という感じでお小遣いをあげていました。将来の夢を聞かれ、「お金持ちになりたい！」と答えていた息子に、お金の教育を始めるいい機会だと思ったからです。

稼ぐ＝誰かの問題を解決すること

芝が伸びてきたなあ
どうもありがとう助かったよ

お金を稼ぐというのは、「誰かの問題を解決すること」だと私は考えています。芝生が伸びてしまって困っている人の代わりに「問題を解決する＝芝を刈る」ことでお金をもらう、とか。犬の散歩に行けなくて困っている人の代わりに「問題を解決する＝犬を散歩に連れて行く」ことでお金をもらう、もそうです。

同時に、問題を解決してあげた誰かから「ありがとう」と感謝をされて、「人の役に立つ喜びを得られること」だったりもします。なので、息子には、**「お手伝いやお仕事は、自分以外の人の問題を解決して、その人に『ありがとう』って思ってもらうためにするんだよ」**と教えています。

問題を解決しているのはお金？

コーラをください
のどがかわいちゃった
どうもありがとう
お金じゃなくて、お金を受け取った誰かが解決してくれるんだ！

お小遣いを報酬制にすることで、お金は「稼ぐもの」だと学べるだけではなく、「自分は人の役に立てる」という自信を育てることができるのです。

この時、一緒に伝えたいのが、**「お金自体が何かを解決してくれているわけではない」**ということ。

のどが渇いた時にお店でコーラを買ったとします。お金を払えばコーラが出てくるので、お金が問題を解決してくれたように感じてしまいます。でも、実際はコーラを用意してくれた店員さんや、コーラを作っている会社の人、出来上がったコーラをお店まで運ぶ人など、多くの人が問題の解決に関わってくれているんですよね。お金ではなく、お金を「受け取った人」が解決してくれている。だから、常に「問題を解決してくれた人に感謝をするんだよ」「リスペクトしようね」と伝えています。

お手伝いでも同じです。親が「お小遣いをあげているんだから、お手伝いはして当然」という態度だと、子どもは「お金を払えばなんでも解決できる」「お金を払っている人が偉い」と思ってしまいます。**子どもがお手伝いをしてくれたら、「ありがとう」「助かったよ」「嬉しいな」と全力で感謝を表現してくださいね。**

さて、そんなメリットしかなさそうな報酬制ですが、「お手伝いの度にコインを渡すのは面倒」という問題があります。キャッシュレス決済が一般化され、コイン自体が手元にない時もよくあるので、私もどうしたものかと悩んでいました。

そんな時、『ユダヤ人大富豪に伝わる最高の家庭教育』（天堤太朗著／青春出版社）という本で知ったのが、お手伝いで貯めたポイントを月末にまとめてお金に換える「ポイント制」です。コインのいらない手軽さが気に入り、早速、実践してみることにしました。その後、試行錯誤しながら作ってきたのが我が家のスタイルです。

次ページからは、我が家のポイント制お小遣いのやり方を説明していきます。

自分が役に立てるお手伝いを子どもに考えさせる

お小遣いをポイント制にするために、私はまず**「○○くんができることで、お父さんとお母さんが喜ぶことって何があるかな？」**と子どもに考えてもらいました。

今まであまりお手伝いをしてこなかった子だと、すぐに答えが出てこないと思います。でも、親が答えを決めるのはＮＧ。自分で考えて決めたことの方が、モチベーションは確実に上がるので、本人が答えを出すのを静かに待ってあげてください。

それでも答えが出ない時は、普段から親がやっていることを聞いてみましょう。

「パパは朝起きた時に何やってる？」

「うーん」

「お布団どうしてる？　グチャグチャのままかな？」

「ベッドメイキングしてる！」

実際に書き出したお手伝いの例

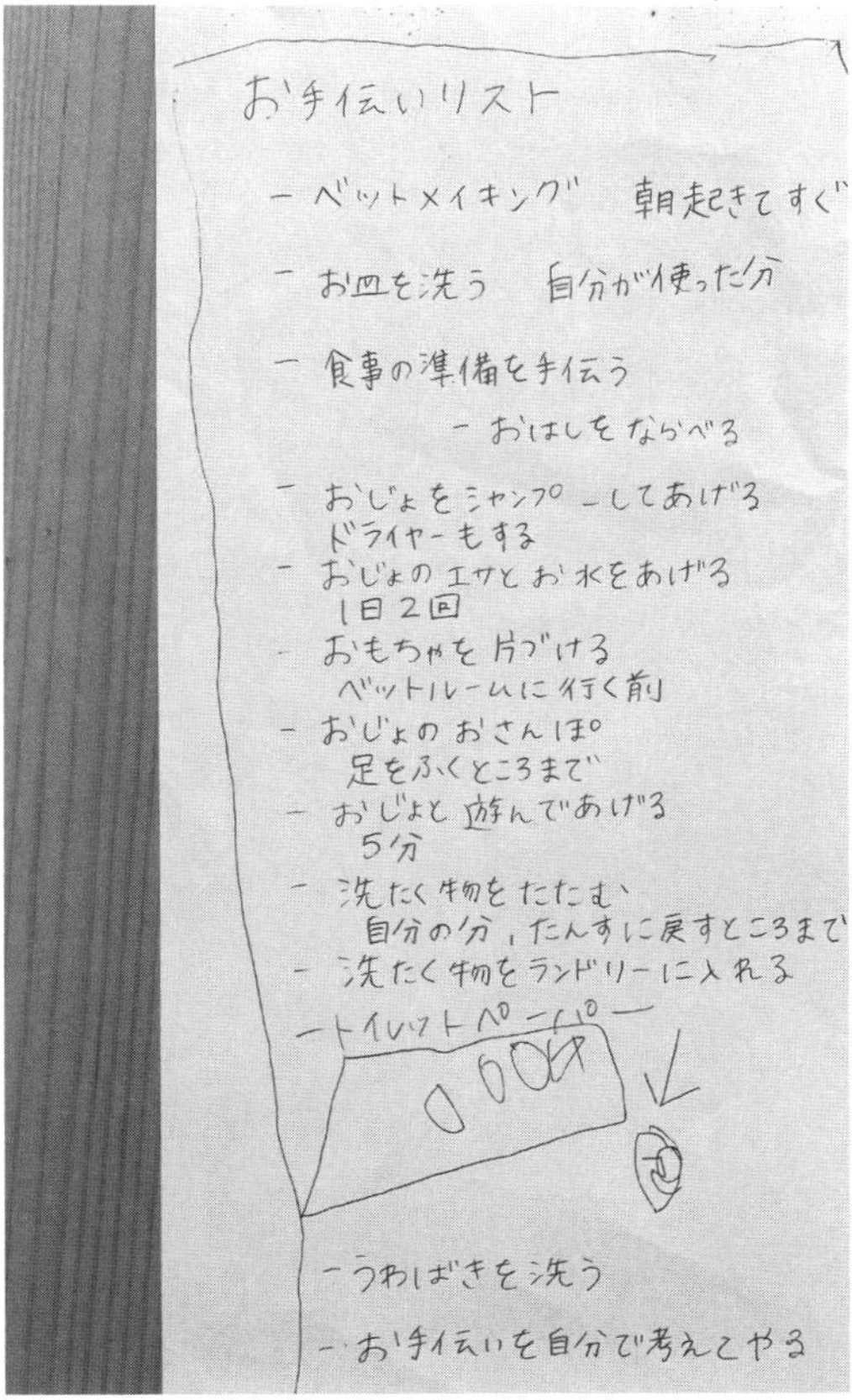
お手伝いリスト

ー ベットメイキング　朝起きてすぐ

ー お皿を洗う　自分が使った分

ー 食事の準備を手伝う

ー おはしをならべる

ー おじょをシャンプーしてあげる
ドライヤーもする

ー おじょのエサとお水をあげる
1日2回

ー おもちゃを片づける
ベットルームに行く前

ー おじょのおさんぽ
足をふくところまで

ー おじょと遊んであげる
5分

ー 洗たく物をたたむ
自分の分、たんすに戻すところまで

ー 洗たく物をランドリーに入れる

ー トイレットペーパー

ー うわばきを洗う

ー お手伝いを自分で考えてやる

息子はまだ字が書けないので、わたしが代わりに書いてしまいましたが、お子さんにメモをとってもらうのがいいと思います。お手伝いのやり方も一緒に考えておくと後の作業がスムーズです。

※おじょは犬です。

注意したいポイント

お手伝いは具体的に決めていく

子どもから「お料理をする」というザックリとしたお手伝いが出たら、「お料理のどんなことができるかな？」と聞くようにしましょう。「卵を割る」のか「人参の皮を剥く」のか、子どもが何をしたらいいかわからなくならないように、具体的にするのがオススメです。

自分の部屋の掃除はお手伝いじゃない

お手伝いは「家族の問題を解決すること」なので、「自分の部屋の掃除をする」「宿題をする」などは入れないようにしています。「それは、パパやママの問題を解決することになるかな？　自分以外の人の問題を解決しないとお金はもらえないんだよ」と説明してみてください！

挑戦するお手伝いを書き出した中から一緒に選ぶ

子どもができることが出揃ったら、その中から実際にトライしてもらうお手伝いを選んでリストを作ります。あまり数が多いと、「どれをやったらいいんだろう？」と子どもが迷ってしまうので、10個くらいがいいと思います。

私が選ぶ基準は、**「少しチャレンジングなお手伝いを入れる」**こと。子どもができることだけではなく、まだやったことがないことを意識的に入れるようにしています。子どもが興味を持って取り組めますし、何より、できることが増えることで自信に繋がります。

先日、息子がひとりで洗濯物を畳んでいたんですが、突然、「やったぁ！」という歓声が聞こえてきたんですね。何事かと思ったら、靴下を上手に畳めたんだそうです。ゴムの部分をくるんと折り返すコツが掴めた、と感動していました。

もちろん、新しいお手伝いに慣れるまでは、親の仕事が増えることの方が多いとは思います。でも、続けていくうちに上手になっていくもの。**「最初から完璧にできることはない」**と考えて、ゆっくり見守ってください。

親の都合が子どもの成長を妨げる？

私、お皿洗いも
できるよ！
うーん、それは
娘ちゃんには
ちょっと早いかな？
親の都合で選んでしまうと、
子どもがちゃんとできること
ばかりを選んでしまいがち。
お手伝いは、
子どもが新しいことを
学ぶ場だと考えて！

注意したいポイント

どこまでがゴールかを決めておく

お手伝いを「洗濯物を畳む」とだけ決めておくと、タオルをパパッと折って、「終わった！　ポイントちょうだい！」となる未来が想像できますよね。「洗濯物を畳んだら、タンスのいちばん上の引き出しにしまうまでがセットだよ」と、ゴールを明確にしておきましょう。

子どもが好きでやっていることは選ばない

息子は料理が好きで、野菜の皮剥きはお小遣い制度を導入する前からやってくれていました。こういった「普段から子どもが好きでやっていること」はお手伝いリストに入れません。モチベーションが「好き」から「お金」に変わってしまい、子どもの好奇心が失われてしまいます。

かんたんなお手伝いから
ポイントを設定していく

お手伝いリストが出来たら、それぞれのお手伝いでもらえるポイントを決めていきます。基本、ここは私がやるようにしていますが、リストの中のいちばんかんたんなお手伝いに1を付けます。そこを基準にして、同じくらいの難しさのお手伝いに1、ちょっと難しいお手伝いには2、すごく難しいお手伝いには3を付けてください。

たまに、「1ポイントのお手伝いと3ポイントのお手伝いがあったら、『3ポイントのお手伝いだけやろう』ってなりませんか？」という質問をされます。私は、それでも構わないと思っています。だって、3ポイントのお手伝いの方が大変なわけですから。同じように、1日に必ず1ポイントは取りましょう、みたいなルールも設けていません。学校や習い事もありますし、**「やりたい日もあれば、やりたくない日もあるだろう」**と考えています。そのあたりは、お子さんの性格などに合わせてルールを設定してみるといいと思います。

注意したいポイント

自分で考える力を養う「おうちのお手伝い（なんでも）」欄！

誰かが困っていたら、それを見つけて解決できるような人になってほしいので、リストの最後に「ママのお手伝い（なんでも）」という欄を作っています。息子が「ママ、大変そうだな。僕がお手伝いしたら助かるかも」と、自発的にお手伝いをしてくれた時にポイントになるシステムです。我が家では、ちょっと難しいお手伝いと同じ2ポイントに設定しています。

おうちの人の仕事を観察するようになって、興味の幅も広がりますし、自分で考える力も養われますので、みなさんも「おうちのお手伝い（なんでも）」欄を試してみてください。

モチベーションを下げない声掛けを

自分でお手伝いを探すと、「電気を消す」「服を掛ける」など簡単すぎるお手伝いを見つけてくることもありますよね。そんな時は、

「○○くんにはかんたんすぎるお手伝いだからポイントはあげられないよ。でも、手伝ってくれたらすごく助かるし、嬉しいな！」

と、子どものやる気を削がないように、「助かるよ」「嬉しいな」をしっかりと伝えてください。ちょっとガッカリした顔にはなりますが、ポイントなしでもちゃんと手伝ってくれますよ。

ご褒美リストでモチベーションをアップ

ポイントをお金と交換するだけだとつまらないので、ポイントを景品と交換できる「ご褒美リスト」も用意してみました。普通に買うと70ドル（※日本円で約1万500円）のゲームが50ドル（日本円で約7500円）分のポイントで交換できる、というように、ちょっとだけお得になるよう設定しています。

お手伝いになんとなく飽きてしまった時にも、モチベーションを上げる手助けをしてくれるのでオススメです。

欲しい物がない子や、そもそも「お小遣いなんかいらない」という子も、**親と一緒に過ごす時間のようなプライスレスなものを入れる**と喜びます。やっぱり、ママやパパと過ごす時間って、子どもにとってかけがえのないものなんでしょうね。外で遊ぶのが好きな子なら「ママと一緒にアスレチックに行ける」とか、映画が好きな子だったら「パパと一緒に映画に行ける」とか。

息子は、アイスクリームショップでアイスを買うのが好きなので、「ママとアイスクリームショップに行ける」にしています。

注意したいポイント

テストの点数や習い事の賞にはご褒美をあげない

アメリカの心理学者エドワード・デシが行った興味深い実験（イラスト参照）があります。

この実験に使ったパズルは、ソーマキューブという「やりだすと止まらないくらい面白いパズル」だそうです。なのに、報酬をもらっていたグループは、報酬がもらえなくなった途端にパズルをやめてしまいました。報酬が、パズルに対する好奇心や解けた瞬間の達成感を消してしまったんですね。

子どもの「もっと知りたい、上手になりたい」という気持ちを大切にするため、勉強や習い事は、ご褒美ではなく全力で応援してあげましょう。

ご褒美が達成感を消してしまう？

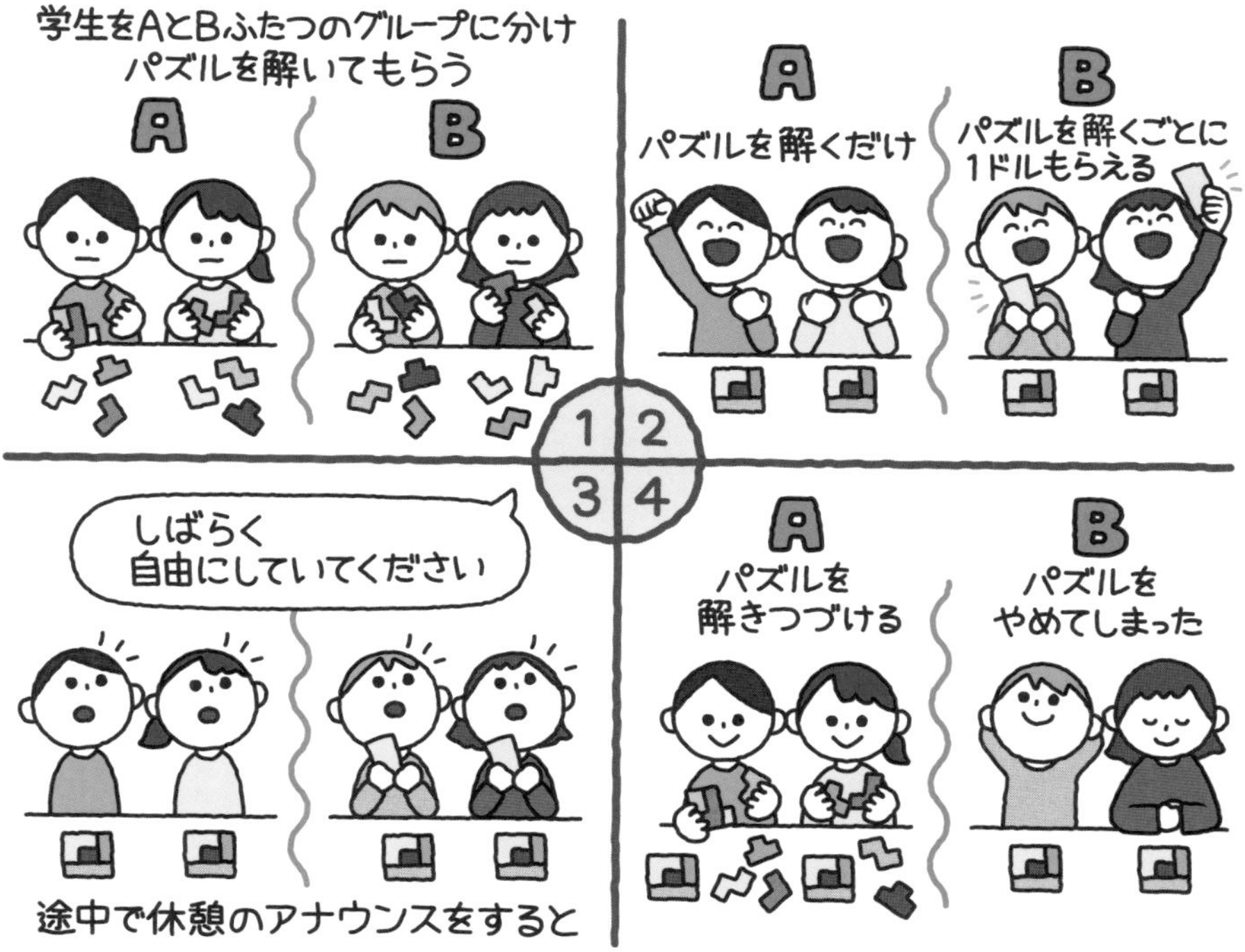
学生をAとBふたつのグループに分け
パズルを解いてもらう
A
B
1
A
B
パズルを解くだけ
パズルを解くごとに
1ドルもらえる
2
3
しばらく
自由にしていてください
途中で休憩のアナウンスをすると
4
A
B
パズルを
解きつづける
パズルを
やめてしまった

ペナルティリストで基本的な生活習慣を身に付ける

最後に用意するのがペナルティリストです。ペナルティは、「靴を脱いだら揃える」など、毎日の習慣としてやるべきことができなかった時に、ポイントをマイナスするというシステム。リストには、「やらなくちゃいけないこと」や「ママとパパがやってほしくないこと」、その家のルールなどを書いておきます。

我が家では、「お弁当箱を出さない」「お皿を片付けない」「手を洗わない」などをマイナス1ポイント、「オモチャを片付けない」をマイナス2ポイントにしていました。

このペナルティリストも、『ユダヤ人大富豪に伝わる最高の家庭教育』を参考に始めましたが、我が家ではご褒美リストと同じように、「宿題をやらない」「スイミングを休む」など、**勉強や習い事に関する項目は入れない**ようにしています。「ポイントを引かれるから」という理由で嫌々ながら勉強しても、身には付きませんし、好きだった教科まで嫌いになってしまうかもしれません。

また、難しすぎることを入れるのもＮＧ。**子どもの年齢などに合わせて習慣化できそうなことだけでリストを作ってみてください。**

自分で気付かせるための声掛け

靴を揃えないとペナルティだぞ!
何か忘れていることはないかな?
ペナルティリストをチェックしてみる?
ハッ
子どもに生活習慣を身に付けさせるためには、
大人が注意をしてしまうのではなく、
「自分で考えて気付いてもらう」のが大切だと思います!

注意したいポイント

リストにないことでポイントを減らさない

手洗いやうがいや後片付け。何度も言っているのにできないと、つい「やらないとペナルティだからね!」と言いたくなりますよね。でも、リストにないことを親の都合でペナルティにするのは絶対にNG。子どもにルールを教える場ですから、大人もルールを守りましょう。

声掛けの回数に注意

初めは、息子もリストにあることを忘れてしまうことが多く、私も繰り返し「何か忘れていることはないかな?」と言っていました。そのせいで、「ポイントなんていらない!」とヘソを曲げることも。目的は生活習慣を身に付けることなので、指摘しすぎないようにしましょう。

お手伝いリストを作ってみよう

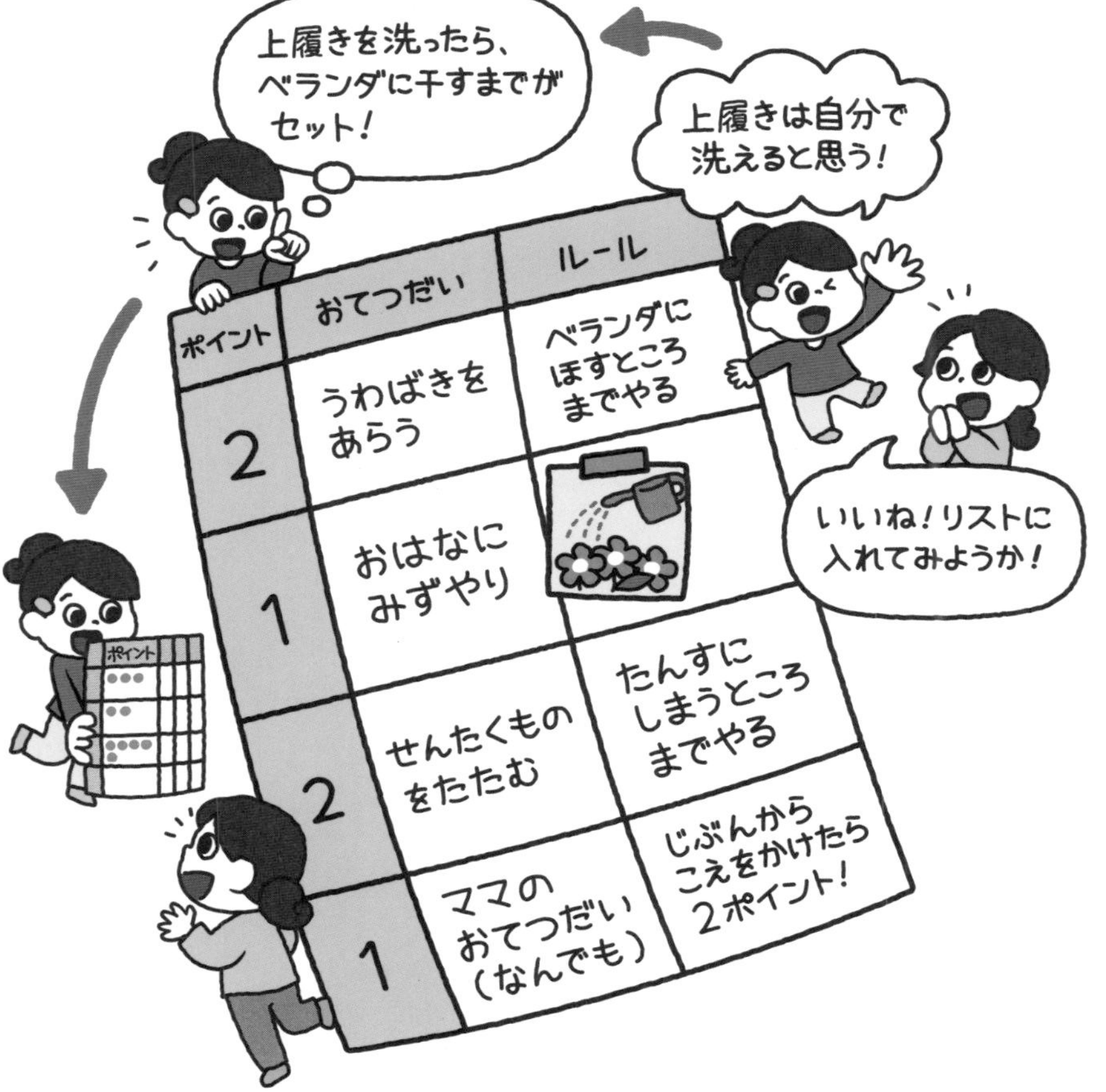

★ポイントはノートなどにシールを貼ったりスタンプを押したりして管理します。
★お手伝いの内容は半年に1回くらい見直します。

ひらがなが完璧に読めない息子にもわかりやすいように、我が家ではお手伝いの内容の横にイラストを貼り付けています。絵が上手な人はイラストを描いてあげたり、子どもと一緒に描いたりするのもいいかも。見ていて楽しいし、子どものやる気もアップします！

ご褒美&ペナルティリストを作ってみよう

★ママパパと一緒にしたいことを聞きながら楽しんで作ります。
パパと一緒に映画が観たいな！
じゃあ、50ポイントで「ムービーナイトができる」にしよう！
ポイント
ごほうび
50
ムービーナイトができる
100
アイスクリームやさんにいける
ゲームをかう
GAME
欲しい物の写真を貼るのもいい
最初からポイントを高くすると、辿り着く前に心が折れてしまうかも
足跡のマークの上に靴を揃えようね
ポイント
ペナルティ
ルール
-1
くつをそろえない
-1
てをあらわない
かえったらすぐ！
-2
-2
ポイント
★ペナルティがあったら、マイナス分のシールやスタンプを消します。

ペナルティリストを作る時は、環境も一緒に整えてあげるようにしましょう。外から帰るとカバンを放り投げていた息子も、カバン掛けを一緒に作ったら、そこにちゃんと掛けられるようになりました。ペナルティを取る前に、やり方を一緒に考えるのが大切です！

ありがとうの言葉と一緒にお小遣いを渡す

月末になったら、ご褒美リストで使った分とペナルティリストでマイナスになった分を差し引いたポイントをお金に換えます。我が家の設定は1ポイント10セント。日本だと1ポイント10円から15円くらいの感覚でしょうか。

息子の場合だと、平日が3、4ポイント、休日で8ポイントくらい稼いでいるので、ご褒美で使ったポイントを引いて100ポイントくらいが残ります。その月の頑張りにもよりますが、お小遣いは月に10ドル（日本円で約1500円）くらいになります。まだ6歳の息子にとっては大金だけど、**しっかり頑張ったなら、それに見合った額を渡していい**と思っています。

子どもにとって、何かをコツコツ貯めていくことは本当に大変なことです。**お小遣いを渡す時には、「すごいね！　こんなにお手伝いしてくれたんだね！」「ありがとう！」「助かったよ！」と伝えてあげてください。**ＰＡＲＴ　１の最初に書いたように、「お手伝いやお仕事は、自分以外の人の問題を解決して、その人に『ありがとう』って思ってもらうためにするんだ」と再確認できるのではないでしょうか。

さらにこんなポイントも

お手伝いで集中力がアップ

お手伝いには、「集中力が持続するようになる」という＋αの効果があります。特に、チャレンジングなお手伝いをしている時の息子は、集中が長く続いているように見えます。

これは、ポジティブ心理学の重鎮、M・チクセントミハイの研究（イラスト参照）でも言われていることなのですが、自分の技術に対してちょうどいいレベルの挑戦をしている時、人は深い集中にいる「フロー状態」になりやすいのだそうです。時間が経つのを忘れてしまったり、声を掛けられても何も聞こえなかったり、何かに没頭している状態のことですね。

何かに没頭すると、なんだかとても充実した気分になれますよね。その充実感も、お手伝いの大きなメリットだと感じ

深く集中できるお手伝いとは？

❶ 目標が明確
ありがとう！
❷ 迅速なフィードバック
❸ スキルとチャレンジのバランスが取れたギリギリの作業
ちょっと難しいけど、頑張ればひとりでできるよ！

★ ❶〜❸の状態にある時、集中が深くなって「フロー状態」になる

つまり、チャレンジングなお手伝いは「フロー状態」になるのにピッタリの作業！

新しいことにチャレンジできる

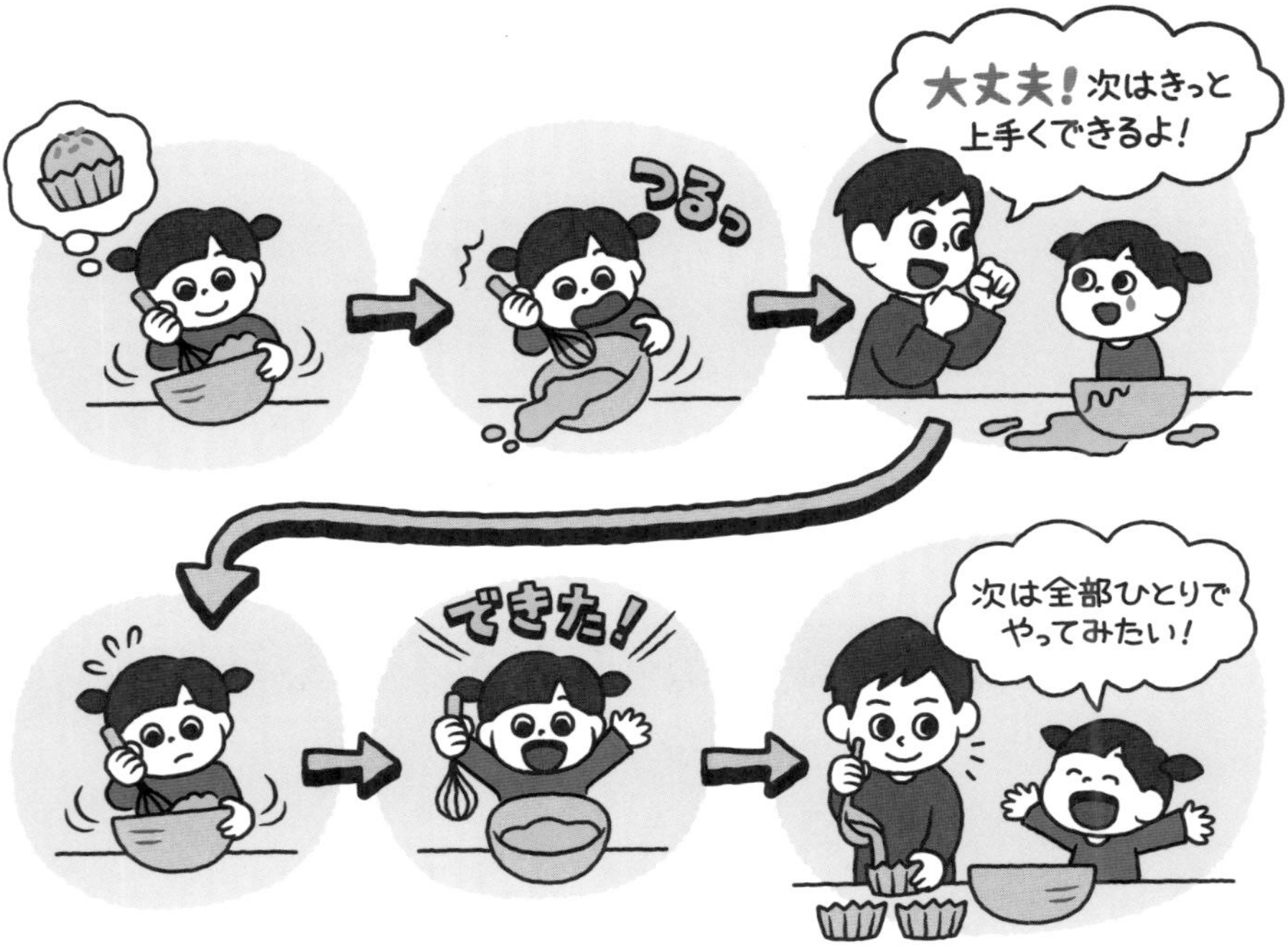

ています。

この時、難しすぎる、もしくはかんたんすぎるお手伝いを設定しないこと。チクセントミハイも、「目標がスキルより高い時にはストレスや不安を感じ、また、チャレンジがスキルに対してあまりにも低すぎる時には退屈を感じる」と、著書『フロー体験入門――楽しみと創造の心理学』（世界思想社）で書いています。

子どもの技術に対してちょうどいいレベルの挑戦を用意してあげてください。

お手伝いできることが増えると、「新しいことにどんどんチャレンジできるようになる」という効果もあります。

以前からよく息子と一緒にキュウリのサラダを作っていたのですが、ある日、「僕ひとりでやってみたい！」と言い出したので、キュウリを洗うところから、切って味を付けてお皿に盛り付けるまでをひとりでやってもらいました。油を少量だけ入れるとか、子どもには意外と難しい作業ですが、最初から最後までひとりでなんとか作りました。

それ以来、「僕ひとりで作ってみたい！」と、フレンチトーストを焼いたりキノコをバターで炒めたり、新しい料理にどんどん挑戦しています。最近では、「こうやるともっと美味しく作れるよ」と、私にアドバイスもくれるんですよ！

仕事に対する自主性を育むお手伝い

最後に、「家事をすることで、将来、仕事で成功する率が高まる」というハーバード大学の「グラント・スタディ」という研究を紹介しておきます。この研究によると「家事をすることで、自分のまわりにあるやらなくちゃいけないことを発見できるようになり、自主的に仕事をするようになる」のだそうです。

スタンフォード大学のジュリー・リスコット＝ヘイムスも、「（家事を）始めるのは早ければ早いほどいい。腕まくりをして手伝おうという（子どもの頃の）習慣が『イヤな仕事だけど誰かがやらなきゃ。私がやろうかな』『会社全体の向上のために、自分が頑張ろう』と（成人してからも）語りかけてくるようになる。それが、職場での出世につながるわけです。（中略）しかし、家事を免除された子ども時代を過ごした若者は、（中略）まわりを見回して『どうすれば仲間の役に立てるかな？』と考えることができない」と「ＴＥＤ Ｔａｌｋｓ」の講演で述べています。

お金の勉強をしながら、こんなにたくさんのメリットを得られるポイント制のお小遣い。ぜひ、トライしてみてほしいと思います。

お小遣いを管理する「つかう・ためる・あげる」の3つの貯金箱

お小遣いを貰ったら、「つかう」「ためる」「あげる」の3つの貯金箱に分けるようにします。「つかう」に入れたお金は、自分の好きなお菓子やオモチャなどを買うためのお金。「ためる」に入れたお金は、ゲームなど、ちょっと高価な物を買うために貯めておくお金です。そして「あげる」には、家族や友だちにプレゼントをしたり寄付をしたりするためのお金を入れます。

この「誰かのためのお金」を準備するのも、アメリカでは一般的。詳しくはPART 5で書きますが、**お金の教育と同時に慈善教育ができる**ので、本当にオススメです。ビル・ゲイツも、子どもたちに「お小遣いの3分の1を寄付するように」と教えていたそうですよ。

各貯金箱に入れる金額に決まりはなく、息子の意思に任せています。でも、**「必ず全ての箱にお金を入れる」**というルールにしています。最初の頃は、「ボクが一生懸命お手伝いして稼いだお金なのに」と「あげる」の箱に入れるのを渋っていましたが、今は本人も納得して入れているようです。

実際に使用している貯金箱

左から、人のために使うお金を入れる「あげる」、自分のために使うお金を入れる「つかう」、目的のために貯めておくお金を入れる「ためる」です。

こんな時はどうする？

「つかう」にばかり入れたがる

「お金は使うとなくなっちゃうけど、銀行に預けておくと増えるって知ってる？」というふうに、貯めることのメリットを説明しましょう。今の金利だと実際は増えないので、貯めたお金の10％をお年玉にする方法（➡P62）で、お金がお金を作るシステムを理解してもらうといいと思います。

「ためる」にばかり入れたがる

まず、「貯める目的」を聞いてみてください。欲しい物が明確にある貯金ならそれでOK。目的がなく、なんとなく入れている場合は、投資に回すようにします。PART 4で説明しますが、「お金を増やすいろんな方法があるんだ」という発想を持たせることが大切です。

COLUMN

子どもにやる気を起こさせる『親切な大人』になろう

以前、息子が通うモンテッソーリ幼稚園の子育てセミナーで、「親は子どもにとっての『親切な大人』になるといい」という話を聞きました。「親切な大人」というのは、「①やり方を教えてくれる人」「②環境や時間を設定してくれる人」「③ルールをわかりやすく示してくれる人」なのだそうです。詳しく話を聞いて、「ポイント制のお小遣いも同じかもしれない」と感じたので、ここで紹介させてもらいます。

①やり方を教えてくれる人

掃除や洗濯、洗い物などの家事をしていると、子どもが「お手伝いしたい！」と言い出すことがありますよね。やり方を教えていたら余計に時間がかかってしまうので、つい、「ママがやるからいいよ。あっち行ってて」と言いたくなりますが、それは子どもにとって「不親切な大人」です。

自分が新入社員だったとして、「私もその仕事を手伝います！　手順を教えてください！」と言った時、「君にはどうせできないし、僕がやった方が早いから、君はあっちでテキトーに何かやってて」と言われたら、「なんだこの不親切な上司は！　もう

オススメ！ 子どもが喜ぶ遊びの環境設定

水遊びステーションを作る
ここでなら、好きなだけ水遊びしていいよ！

工作ステーションを作る
ここにある物、自由に使って工作していいよ！
クレヨン

何もしない！」となりますよね。

相手が子どもでも同じこと。子どもがせっかく「やりたい！」と思っているのに、そのモチベーションを大人が取り上げてしまうのはもったいないです。「手伝ってくれるの？ ありがとう！　じゃあ、洗濯物の畳み方を教えるね」とやり方を教えてくれる、子どもにとって「親切な大人」になりましょう。

②環境や時間を設定してくれる人

子どもが「やってみたい！」と思った時に、それができるような環境や時間を設定してくれる人も、子どもにとって「親切な大人」です。

息子は今まで、幼稚園から帰ってくると、その辺にカバンを放り投げていました。でも、息子が届く位置にカバン掛けを設置して、「ここに戻してね」と伝えたところ、進んでカバンを掛けるようになったんです。「これが、環境を設定してあげるってことか！」と感動しました。ペナルティリストを作る前に設定するといいと思います。

これは遊びでも同じです。「この場所なら自由にやっていいよ」「この時間なら自由だよ」とわかりやすく設定すると、子どもは目を輝かせて遊びます。ぜひ、試してみてくださいね！

③ルールをわかりやすく示してくれる人

自分で「いいこと」と「悪いこと」の区別がつかない子どもにとって、物事の善悪をわかりやすく示してくれる人は、子どもにとって「親切な大人」です。

たとえば、手を洗わずにお菓子を食べようとした時に、

✕「なんで手を洗わないんだ！」

ではなく、

○「ばい菌がついているから、お菓子を食べる前には手を洗うんだよ」

というように、具体的に説明できる大人になれるよう、私も頑張っています。

PART 2

使う

Spend

お金を使うことよりも貯めることを重要視する日本。お金を使う時に大切なこと、将来の幸せに繋がるようなお金の使い方を考えてみましょう。

お金は自分にとって価値のある物と交換する

子どもの頃から、「お金は大切だよ」と教えられてきたと思いますが、何かを書く時にペンを、何かを撮る時にカメラを使うのと一緒で、お金も必要な物や欲しい物を手に入れるための道具でしかありません。大切なのは「ペンで何を書くか」「カメラで何を撮るか」だと思います。同じように、**お金自体よりも「お金で何を買うか」が大切**なのではないでしょうか。

しかし日本では、「無駄遣いをしないようにね」と声を掛ける親が多く、貯金をしている小学生もかなり多い印象です。学研教育総合研究所のアンケート調査(2020年)では約43%、小中学生を対象とするニフティのアンケート調査（2022年）では68%がお小遣いの主な使い道を貯金と答えています。これでは、お金の使い方は上手くなりません。

私が息子に覚えてほしいのは、お金という道具を使って「自分にとって価値のあるものを買う方法」です。「値段」は売る側が決めることですが、「価値」を決めるのは買う側である自分です。値段の高い物＝自分にとっての価値が高い物ではありません。

おねだりをされた物を買う時の声掛け

これも買おうよ！
今日のおやつが必要だから、1個だけ買うよ
今日はお菓子を買う予定だったから、1個だけ買うよ
Cookie
ポテト
お小遣いをはじめる前から実践できるので、ぜひ試してみて！

自分にとって何が価値のある物なのか、実際にお金を使い、失敗をしながら学んでいくしかないと思います。

もうひとつ覚えてほしいのは、**「お金を使う時には優先順位がある」**ということです。しかし子どもの場合、必要な物は親が買ってしまうため、「必要な物＞欲しい物」という優先度をお小遣いだけで身に付けるのは難しい。

そこで我が家では、買い物に行った時の声掛けに気を付けています。息子がお菓子を欲しがった時、「1個なら買ってもいいよ」ではなく、「今日のおやつが必要だから、1個だけ買うよ」と言うんです。子どもが「欲しい物」を買うのではなく、親が生活に「必要な物」を買うとい

おねだりをされた物を買わない時の声掛け

これも買おうよ！
今月使うお金には含まれてないから、買わないよ
他に買わなきゃいけない物があるから、買わないよ
旅行のためにお金を貯めてるから、買わないよ
Cookie
ポテト

うイメージ。断る時も、「今日のおやつはもうあるよね」などと言います。日頃からこういう声掛けをしていれば、「欲しい物よりも優先される物があるんだな」と、自然と学んでいくのではないでしょうか。

また、アメリカのお金の教育サイトで、"You Should Never Say to Your Kids About Money"（『お金についてあなたの子どもに言ってはいけないこと』）というリストをよく見かけます。そこで最も言ってはいけないとされているのが、"can't afford it"という言葉。「お金がないから買えないよ」です。「あれ買って」「これ買って」と騒がれると、ついつい口にしてしまいそうになる言葉ですが、これは絶対にNG。

「買えない」と言うと、買う買わないを「お金があるかないか」で決めているように聞こえます。そこには、買う人間の意思はありません。お金は道具だったハズなのに、お金に人間がコントロールされてしまっているんですね。それを聞いて育った子どもは、お金にコントロールされるのを当然と感じる大人になってしまいます。

では、「買わない」という言い方をするとどうでしょうか。買う買わないを「必要かどうか」で決めているように聞こえると思います。人間がお金をコントロールしているイメージですよね。

×買えない↓お金が人間をコントロールしている

◯買わない↓人間がお金をコントロールしている

また、「お金がないから買えない」と説明してしまうと、「お金があれば買える」という考えになってしまうかもしれません。臨時収入があった時に、欲しい物を欲しいだけ買ってしまう人は、こういった幼少期の声掛けが影響しているのではないかと思っています。

最終的な目標は、道具であるお金に振り回されず、自分にとって価値のある物を買えるようになること。我が家の練習方法を紹介しましょう。

何を買うかは子どもの判断に任せる

それでは、「つかう」の貯金箱に入れたお小遣いで、実際に買い物をしてみましょう。

私は、お小遣いで買える範囲の金額であれば、息子が欲しい物を自由に買っていいと伝えています。当然、「そんなことにお金を使うの？」と思うような物を選ぶこともありますが、**お金を使う練習なので、あれこれ口を出さないのが我が家のルール。**

たとえば、子どもがすぐ壊れてしまいそうなオモチャを手に取っても、

「あっちの方が長持ちしそうじゃない？」「他の物にしたら？」

なんて言わないこと。買った物が想像と違ったり壊れたりした時に、「こっちの方がいいって言ったじゃん」「選んだのはママだよ」と、失敗を親のせいにできてしまいます。

自分で選んだことに自分で責任を持てるように、何か言いたくなってもグッと堪えて。

この失敗が次の買い物に活きるところを想像してください。

買ったあとのことを想像させる声掛け

アイスとオモチャ
どっちも欲しいけど…
アイス
アイスを食べている時と
オモチャで遊んでいる時を
想像して？
どっちがハッピーに
なれると思う？
アイスの方が
ハッピーになれる！
アイス

やってみよう！

買った後を想像させる

欲しい物がたくさんあって迷った時は、子どもに「どの商品が自分にとって価値があるか」を考えさせるチャンスです。私は息子に、商品を買った後、よりハッピーになれると思う方を買うように伝えています。子どもなりに、食べる時や遊ぶ時を思い浮かべて決めていますよ。

注意したいポイント

選んだ理由を否定しない

「アイスは食べるとなくなるけど、オモチャはずっと遊べるんじゃない？」など、大人の価値観を押し付けないようにしてください。「じゃあ、オモチャは買えなくなるけどそれでいい？」という感じで、「何を選んで何を選ばなかったのか」を意識させるようにしましょう。

お小遣い帳は振り返りやすい絵日記で

ハッピーになれるお菓子やオモチャを買ったとしても、「想像と違った」「違う物の方がよかったな」と思うこともありますよね。失敗も成功も、それをそのまま放置してしまうと、次の買い物に活かすことができなくなってしまいます。

我が家では、**買い物が終わったら、お小遣い帳に買った物を記入するようにしています。**お小遣い帳といっても、「①日付」「②買った物のイラストや写真」「③金額」「④買った時の気持ち」を書く絵日記のようなスタイルです。「⑤実際に食べたり遊んだりした後の感想」も書いてもらうと、自分にとって価値のある物を買えたかどうか、振り返ることができます。

「これはどうだった？」

「すぐに壊れちゃった。あんまり遊べなくてよくなかったな」

など、**子どもが書いたお小遣い帳を見ながら、一緒にお金の使い道について話すのもオススメ**です。親子のコミュニケーションにもなりますよ。

ドローンを買った時のお小遣い帳

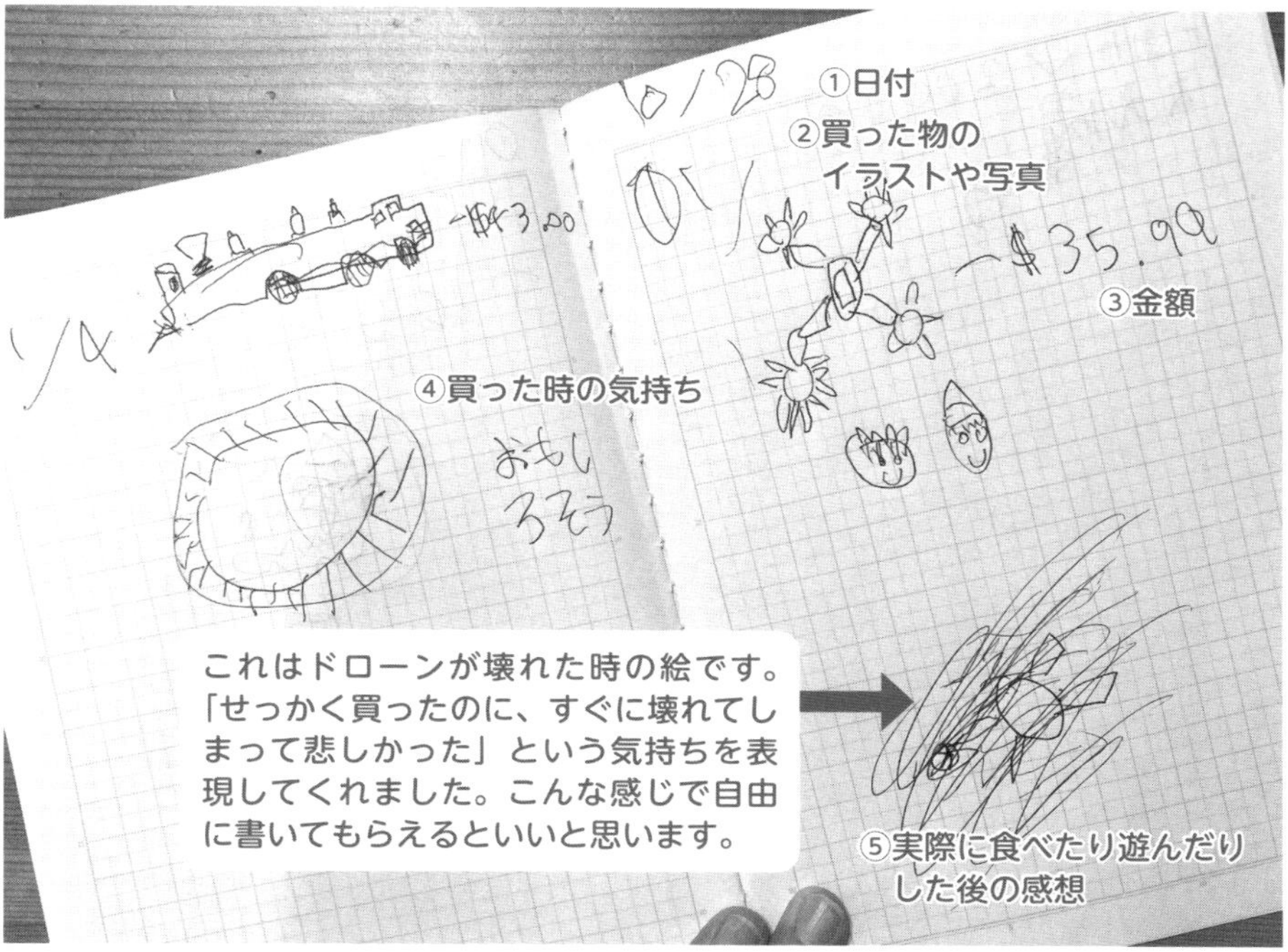
①日付
②買った物の
イラストや写真
③金額
④買った時の気持ち
これはドローンが壊れた時の絵です。「せっかく買ったのに、すぐに壊れてしまって悲しかった」という気持ちを表現してくれました。こんな感じで自由に書いてもらえるといいと思います。
⑤実際に食べたり遊んだりした後の感想

書くことは決めていますが、ノートにどのように表現するのかは息子の自由に任せています。

注意したいポイント

親が感想を決めないようにする

買った物の感想は、必ず子ども自身に考えさせせます。「買ってよかったでしょ？」と、親が感想を決めないように。「わからない」という答えがきたら、私は、「ママ、〇〇くんのことが大好きだから、どんなこと考えてるのか知りたいな！」と言うようにしています。

やってみよう！

人のために使った時もお小遣い帳に

家族やお友だちにプレゼントをした時も、「友だちが喜んでくれて嬉しかった」など、感想を書いてもらってください。寄付をした時も、「被災地を応援したい」など、その時の気持ちを書いておくと、親子で社会問題について話すキッカケになると思います。

定期的な「子ども断捨離®」でお金の使い方を振り返る

お小遣い帳のほかにもうひとつ、我が家で取り入れているのが「子ども断捨離®」です。やり方はかんたんで、持っているオモチャを「いる物」と「いらない物」に分けるだけ。いらない物は「売る」か「寄付する」か「捨てる」か、考えてもらいます。

衣替えをしていて、「高いお金を出したのに、着ていない」「半額だから買ったけど、使わなかった」という服や靴が出てくること、大人でもありますよね。レシートや家計簿とは違い、**断捨離®は、買ったけど気に入らなかった物や使っていない物を視覚的に確認できるので、どんな物が無駄になったのか、把握しやすい**と思います。

以前、息子がガチャガチャにハマり、小さなオモチャをたくさん取っていた時期がありました。取るだけ取って、オモチャ箱に放り投げたままだったそのカプセルトイが、断捨離®で見つかったんですね。息子は、「僕、こんなオモチャ買ったっけ?」みたいになったようで、全ていらない物に分類していました。それ以降、ガチャガチャの前を通っても何も言わなくなったので、ガチャガチャをやることは「自分にとって価値のないこと」に分類したんだと思います。こういった気付きが、お金の使い方の練習なのではないでしょうか。

子どもが迷った時の声掛け

最近、全然これで遊んでないな……
もう、捨てた方がいいかな？
あなたはどうしたいの？
あなたが決めることだよ！

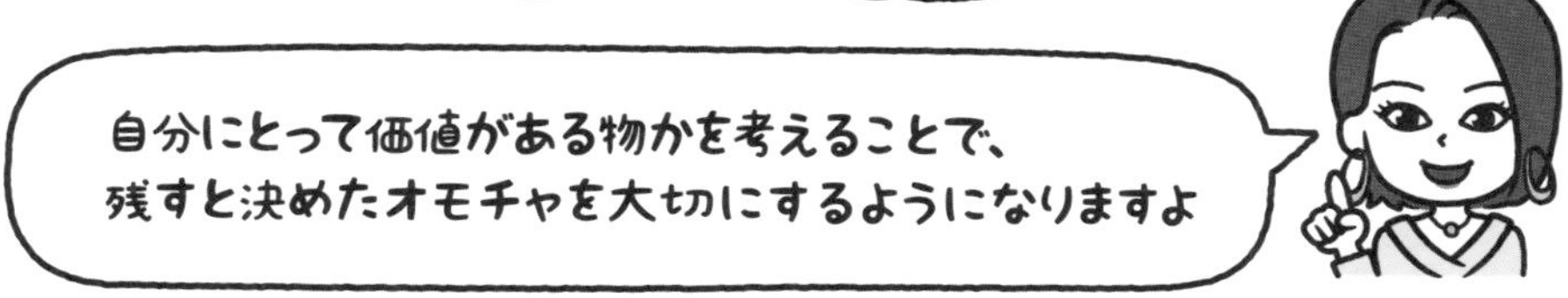
自分にとって価値がある物かを考えることで、
残すと決めたオモチャを大切にするようになりますよ

注意したいポイント

子どもの判断に任せる

断捨離® をしていると驚くのが、大人が「いらないだろうな」と思っていた物を残したりすることです。子どもの大事な物は子どもにしかわかりません。だから、親が「捨てていいね」と判断するのはNG。「それ捨てていいの？」と、暗に捨てないように指示するのもNGです。贈り物など、思い出があるものは先によけておいてください。

「いらない物」がたくさんあってもOK

子どもがオモチャを「いらない物」に入れているのを見ても、「こんな物買うなって言ったのに」とお説教はしません。それだけ経験を積んだのだと考えるようにしてください。私は、「しめしめ」と思いながら眺めるようにしていますよ。

月末の集計表でお金の流れを振り返る

お小遣い帳と断捨離®だけでは、1回1回のお金の使い方の振り返りしかできないので、その月に「①稼いだ金額」「②使った金額」「③貯めた金額」「④投資した金額」「⑤寄付したりプレゼントを買ったりした金額」を表にまとめてみましょう。その月のトータルの数字を書くだけで大丈夫です。「今月は、ちょっと『あげる』が少なすぎたかな」「ゲームを買うためには、もう少し『ためる』に入れた方がよかったかも」など、お金の振り分け方の反省ができますし、翌月の計画を立てる上でも役に立つと思います。

集計表を作ろうと思ったのは、『THE FOUR MONEY BEARS』(Motivate Your Money, LLC) という絵本に同じような表があって、興味を持った息子が、「僕も、毎月の表を作ってみたい！」と言い出したからです。この絵本は、浪費家のクマと倹約家のクマ、投資家のクマ、慈善家のクマと一緒にお金の使い方が学べるというもので、**「お小遣いを全部使ってしまってはダメ」「でも、全部貯金してしまったら何もできない」**ということを教えてくれます。集計表を使って、お金を計画的にバランスよく振り分けられるようになりたいですね。

集計表を作ってみよう

今月はすごく
お手伝い
したね！
もう少しで買いたい物の
お金が貯まるから、
頑張ったんだ

★記入した内容を見ながら、
その月の感想を話し合ってみましょう！

	はいってきたおかね	つかったおかね	ためたおかね	とうしたおかね	あげたおかね
4月	800	500	100	100	100
5月	700	200	300	100	100
6月	1500	300	800	250	150
7月					
8月					
9月					
10月					
11月					
12月					
1月					
2月					
3月					
1ねんのおかね					

そんえき
りまわり　　%

来月は友だちの
お誕生日があるから、
「あげる」がもっと
必要になるかも

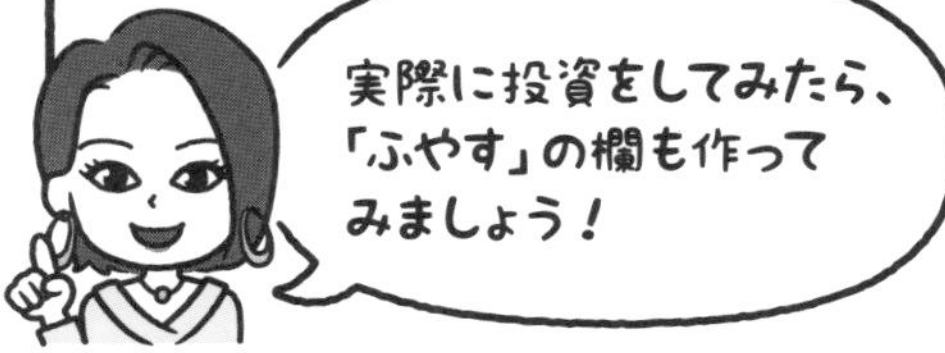
実際に投資をしてみたら、
「ふやす」の欄も作って
みましょう！

１年の最後に、投資をしたお金がどれくらい増えたり減ったりしたのかを調べ、「そんえき」の欄に書き込んでみてください。投資とは、10年20年の長期で取り組むものなので、一喜一憂する必要はありませんが、株や投資信託への理解が深まると思います。

COLUMN

生活の基本となる金銭感覚を育てるゲーム

以前SNSのフォロワーさんから、「お金の教育をしたいけど、自分に知識がなくて困っています」というメッセージをいただいたことがありました。私たちの世代は、家でも学校でもお金の教育を受けずに育ってきたので、気持ちはとてもよくわかります。でも、「お金の勉強をしよう」と難しい本を開く必要はありません。ゲームのような感じで取り組めばOKです。〝勉強〟の空気を察知した瞬間に、子どもはやる気をなくしますしね！

たとえば我が家では、スーパーに行った時に必ず値段の当てっこをしています。値札を隠して、「これ、いくらだと思う？」と聞くだけなのですが、これが意外と盛り上がるのでオススメです。同じアイスでも、メーカーによってかなり値段が違ったりしますし、「なんでこっちのアイスの方が高いと思ったの？」と聞くと、「こっちの方がおいしいから！」「チョコレートがたくさんかかっているから！」など、子どもなりに考えてくれます。

このゲームを始めたキッカケは、息子があまりにも物の値段を知らなかったから。昨年のクリスマスに本物のもみの木を買いに行ったのですが、「もみの木っていくら

COLUMN

値段の当てっこゲームをしよう!

今日のお昼ご飯代、
ふたりでいくらだったと思う?
えーっと…
この前のサンドイッチが
5ドルだったから・・・
15ドル!

くらいだと思う?」って聞いたら、「10ドル?」って言うんですよ。「もうちょっとするよ!」ってヒントを出してみたけど、「じゃあ20ドル?」と。生の木なので70ドルくらいしていたのですが、わからないんですね。正解を聞いて、驚いていました。

自分の欲しいお菓子なら別ですが、普段、親が買ってくれる文房具や本の値段は、あまり気にしないものです。キャッシュレスの時代、大人も物の値段を気にせずに買ってしまいがちですしね。

でも、物の相場を知らないと、ひとり暮らしを始めた時に、月の予算を立てることもできませんし、法外な値段の商品を買わされてしまうかもしれません。金銭感覚を養うためにも、ぜひ、値段の当てっこゲームをしてみてください！

先日、このゲームをしていたら、息子が「さっき言ってた値段が本当に合ってるか、確認する！」と言い出したんですね。レシートを見せると、「さっき言ってた値段より高い！」と気が付いたので、消費税の話をすることにしました。値段の当てっこから消費税の説明をすると、わかりやすくてオススメです。この時は、「これは消費税っていう税金がプラスされてるんだよ」「僕も税金を払うの？」「消費税は、商品やサービスを買った人が払わないといけないの」というような話をしました。

当然、「なんで税金を払わないといけないの？」と聞かれたので、「消防士さんとか警察官とか、街のために一生懸命に働いてくれてるよね？　その人たちのお給料も、みんなが払う税金から出てるんだよ」と説明。本人は、「え？　僕のお金で消防士さんにお金を払っているの？」と驚いていました。

自分が買う商品やサービスにも税金がプラスされていることを知ると、自分が社会の一員であるという意識が芽生え、世の中のニュースなどに関心を持つようにもなります。ぜひ、一度、税金のお話をしてみてください。

PART 3

貯める

Save

お金を貯める時に大切なことは、「何のために貯めるのか」をしっかり決めること。本章では、子どもに長期的な視点を持たせる方法を伝えます。

「ためる」の貯金箱で
お金を長い目で見る力をつける

大人になると、生活費や欲しい物を買うお金の他に、旅行に行ったり学校に通ったり引っ越しをしたりするためのお金、車を買うお金、家を建てるお金、数十年後に必要になる子どもの教育資金や自分の老後の資金（最後のふたつは、貯めるのではなく増やすという感覚ですが）などを用意しておく必要があります。

しかし、先のことを考えずにお小遣いを使っていると、お金に対して短期的な視点しか持てなくなり、自分のライフプランに必要なお金を貯められない大人になってしまいます。自分にとって価値のある物を買う練習は大切ですが、同時に、**長期的な視点でお金のことを考える力も養ってほしい**ですよね。

子どもに長期的な視点を持たせる方法として、我が家では、**お金を「目的のために貯める」という練習をしています。**たとえば、お小遣いを貯めてオモチャの剣と盾を買う、という目標を立てるとします。そしたら、お小遣い帳に、「①欲しい物のイラストや写真」「②金額」「③そのお金をいつまでに貯めるか」と、「どうしてそれを買いたいのか」と「買った時にどんな気持ちになるのか」を書き込んでもらうんです。

貯める目的を明確にしよう！

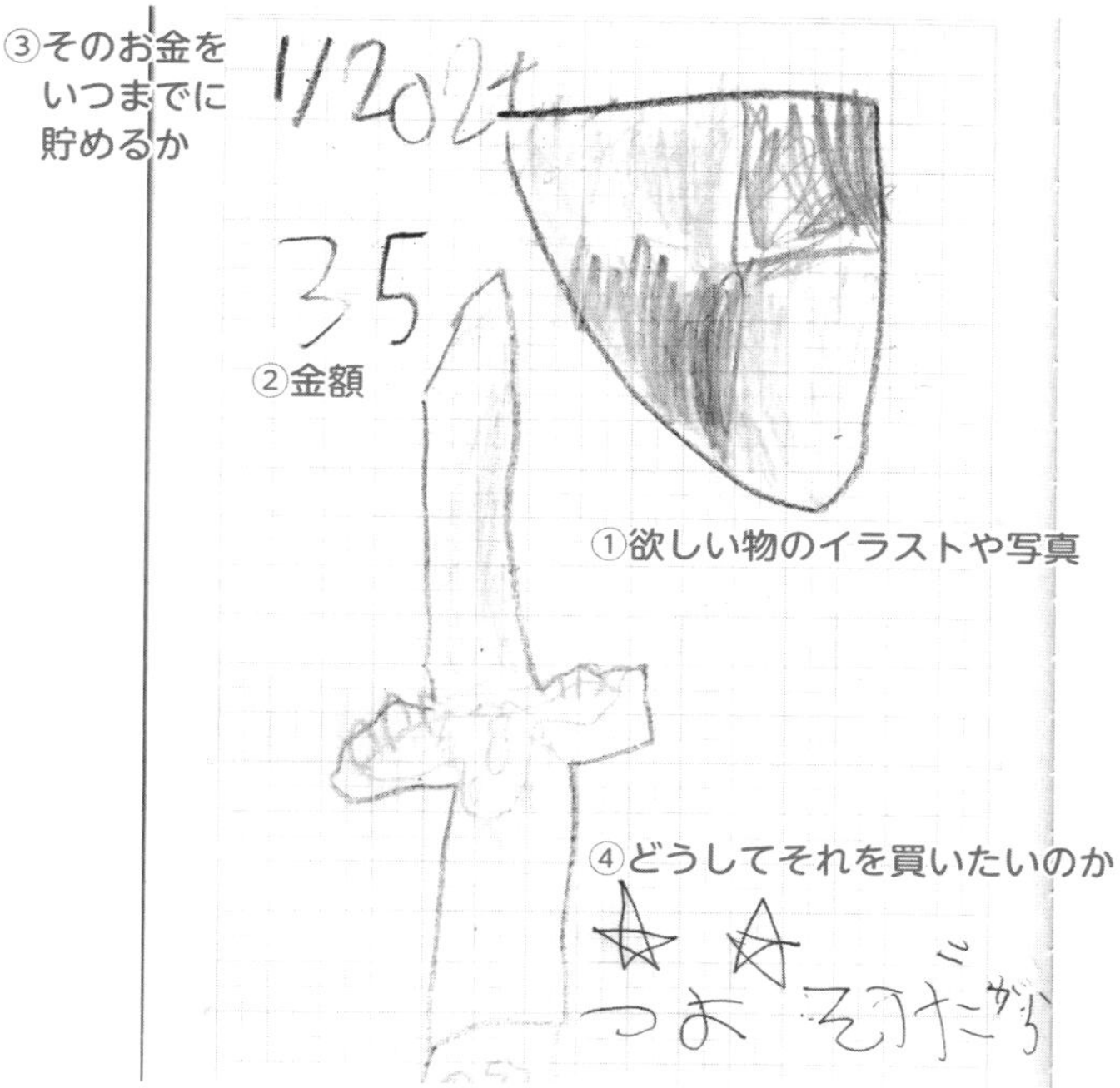

息子がお小遣い帳に書いた「欲しいもの」。フェルトの剣と盾が「強そうだから」だそうです。

私も、息子と離島留学をすることを目標にお金を貯めていますが、期限と金額をきっちり決めています。

この時、「20歳までに貯金300万円！」や「毎月1万円ずつ貯める！」など、**お金を貯めること自体が目標になるのはＮＧ**です。使わないポイントやマイルを貯めても意味がないように、使わないのにお金を貯めても意味がありません。必ずハッキリとした使い道を決めてから貯めてください。

とはいえ、貯めるより使う方がいい、となった時はどうしたらいいでしょう。我が家で採用している「お金を貯めたくなるシステム」を紹介します。

貯めたお金の10%をお年玉にする

目の前の欲しい物を我慢してお金を貯めるのは、子どもにとって難しいことです。そこで我が家では、**「ためる」の貯金箱に入っているお金の10%をお年玉にしています。**３００ドル（日本円で約4万5千円）入っていれば、10%の30ドル（日本円で約４５００円）がお年玉になるという計算ですね。

「今オモチャを買うのと、買わずに来年お年玉を多くもらうの、どっちがいい？」

と聞けば、今のオモチャと将来のお年玉、「どちらが自分にとって必要か」「よりハッピーになれるか」を子どもなりに考え、答えを出してくれます。

また、お年玉システムを使うと、**「銀行にお金を預けると利息というお礼をくれる」ということを、感覚として理解させることができます。**6歳の息子でも、「お金って、使うのを先に延ばすと増やせるんだね！」と、「お金を寝かせて増やす方法」に気が付きました。

お金を貯めたくなるお年玉システム

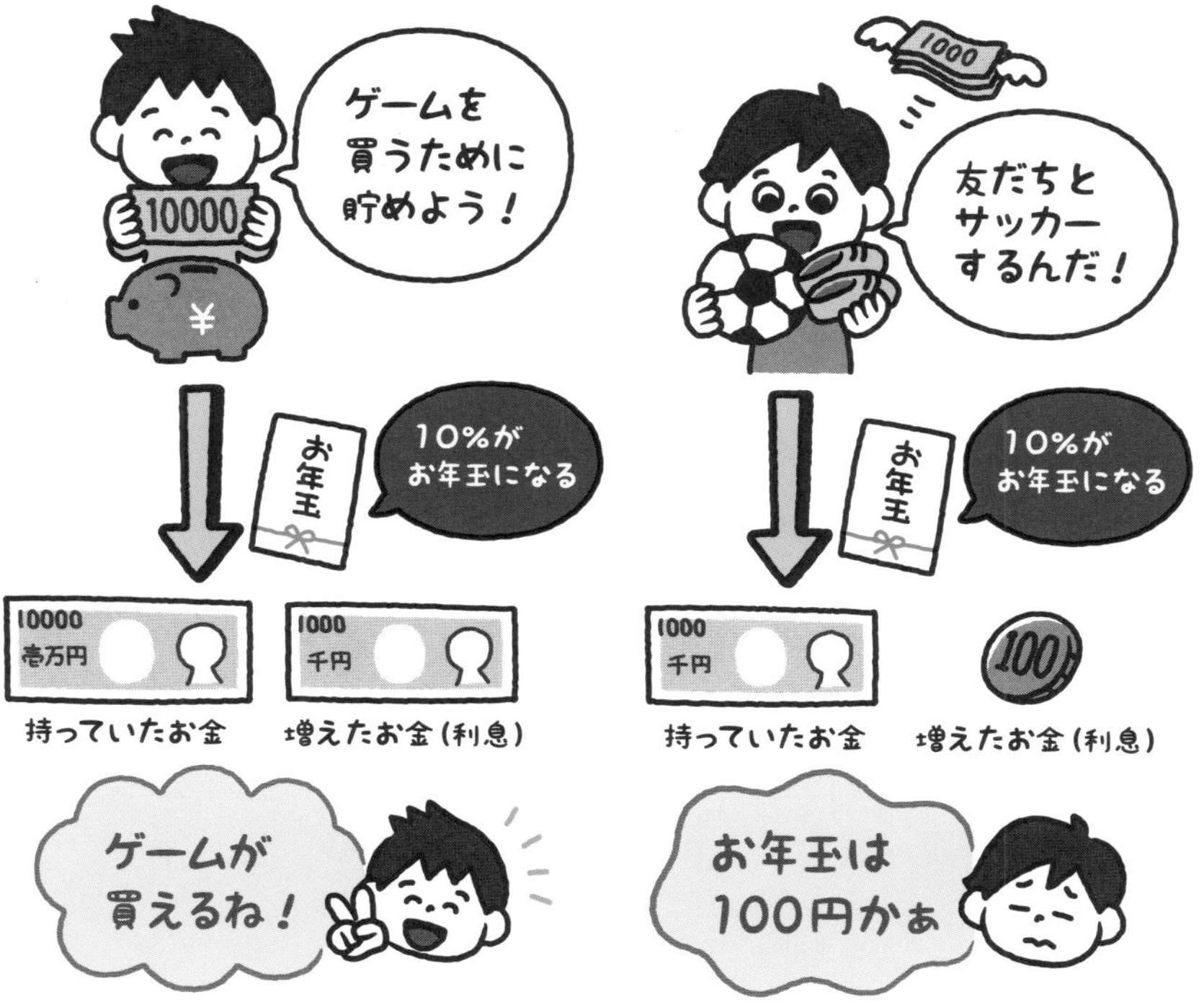

やってみよう！

子ども名義の銀行口座

先日、息子が「僕も口座を作ってみたい！」と言い出したので、一緒に銀行へ行ってきました。最初は自分自身の口座が持てることにワクワクしていましたが、0・02％という金利を聞いてガッカリ。でも、この経験が次に繋がります。

「お金を増やすには、今の銀行の金利は低すぎるね」

「どうすれば増やせるの？」

「投資がいいと思うよ！」

という流れで説明をすると、子どもが興味を持って学んでくれるのではないでしょうか？

COLUMN

お金の話をもっとポジティブに

導入（Ｐ６）で、「お金について話をすることを、『はしたない』とか『下品』と考える風潮がありました」と書きましたが、日本では、お金自体も「汚い物」「悪い物」と考えるところがありますよね。私が子どもの頃（30年も前のことにはなりますが）七夕の短冊に「大金持ちになりたい！」と書いたら、学校の先生に「『お姫様になりたい』にしようね」と書き換えられたという苦い経験があります。お金持ちは、「悪いことをして汚いお金を手に入れた人」というイメージなのでしょうか。

お金を稼ぐというのは「誰かの問題を解決すること」です。つまり、「お金をたくさん稼ぐこと＝多くの人の問題を解決すること」なんですね。Ａｍａｚｏｎやテスラといった有名企業の創業者たちは、悪いことをしたのではなく、より多くの人の問題を解決して億万長者になったわけです。「お金持ち＝悪」のようなイメージは、子どもの「たくさんの人の問題を解決できる人になりたい！」というモチベーションを下げてしまう原因にもなります。

このマイナスなイメージを払拭するには、お金について家族で話すことが大切だと思います。我が家は、ことあるごとにお金の話をしてきたので、おばあちゃんから「大

実際に 100万ドルあったら何ができる？

ハワイ旅行なら518回もいける！
家族4人で行っても100回以上だ！
※HISによる5泊7日のハワイ旅行の試算
新築で家を2軒も建てられる！
※令和2年東京都基準地価格で概算
テスラの最新車が10台も買えるよ！

きくなったら何になりたいの？」と聞かれ、「僕、お金持ちになりたい！」と堂々と答えるような子に育ちました。

とはいえ、いきなり「お金の話をしよう」と言われても難しいですよね。そこで、最近、私と息子が盛り上がったゲームを紹介します。題して、「100万ドルあったらどうするのゲーム」。100万ドルあったら、日本円にすると1億5千万くらいですけど、何に使うかをただただ言い合うゲームです。

息子は車が好きなので、最初は「車が欲しい！」と言っていたのですが、いろいろと夢を膨らませたんでしょうね。翌日には「やっぱり、サッカー場を買いたい！」「家のすぐ隣でサッ

カーがしたいから、広い庭のある家を買いたい！」と言っていました。6歳なりに、100万ドルの使い道を真剣に考えたようです。「ママはどうする？」と聞かれたので、「投資で運用して、その金利で生活していきたいな！」と答えたのですが、「なにそれ！つまんない！　もっと楽しい使い方考えて！」と一蹴されてしまいました。

息子と一緒に、パパやお友だちにも同じ質問をしてみました。「家を買う」「世界一周旅行をする」「ゲームの会社を作る」「寄付をする」など、本当にいろんな答えが返ってきました。「お金に対する価値観は人それぞれなんだね」ということもわかるので、これはすごくオススメです。

同時に、ライフプランを考える練習にもなります。たとえば、「100万ドルで雑貨屋さんをやりたい！」という話になったら、その時に必要なものは何かを一緒に話し合ってみてください。「雑貨って買い付けに行くんだって！」「お店の場所を借りるのにはいくらくらいかかるんだろう？」「店員さんも雇うのかな？」「宣伝はどうする？」など、考えることはたくさんあります。未来は、そんな楽しい空想から始まるのではないでしょうか。

PART 4

増やす

Increase

子どもの頃から、使わないお金に「働いてもらう」というアイデアを持たせるのがアメリカ流。本章では、投資に必要なマインドを紹介します。

子どもの頃から身に付けさせたい投資に対する正しい知識

アメリカでは、子どもが小さいうちから、当たり前のように「投資の仕組み」を教えています。この後で説明する「複利」については、掛け算を覚えた8歳から10歳くらいで教えている家庭が多い印象です。実際に投資を始めるのは高校生くらいからではないかと思いますが、「お金を働かせて増やす」というアイデア自体は、本当に幼い頃から見聞きしているんですね。

日本でも、2005年の「金融教育元年」から、小中高校で金融広報中央委員会による公開授業が行われるなど、新しい金融教育が進められてきました。2022年には高校での授業が必修になっています。しかし、多くの親が金融教育を受けてきていないため、「投資なんてリスクの高いことはやめた方がいい」「子どもにはまだ早い」と考える家庭も少なくありません。

「投資＝危険」というイメージが強いのだと思いますが、実際は、貯金だけしている方がずっと危険です。なぜなら、**今の日本の金利でお金を銀行に預けっぱなしにしていると、その価値は目減りしてしまうから**です。

お年寄りが、「昔は100円でお腹いっぱい食べられた」と言うのを聞いたことは

お金の価値は変わっていく！

500
10年後
同じ500円なのに
買えるものが減ってしまった！
500
10年後、貯金していたお金では
欲しい物が買えなくなっているかもしれません

ないでしょうか。総務省統計局の調査によると、最初に１００円玉が発行された１９５７年頃、※食パン１斤が約９円（１斤３４０ｇとして）、牛乳１８０mlが約14円でした。ほかにも、キャベツ１kgが約10円、りんご１kgが約28円、うどんが１杯26円だったそうです。つまり、「今の１００円よりも、当時の１００円の方が価値が高かった」のです。

「67年も経てば物価も上がる」と思うかもしれませんが、２０２１年以降も、様々な物の価格が上がりつづけています。全国の世帯が買う物やサービスの価格の変動を表す「消費者物価指数」も、２０２２年９月から２０２３年８月まで、前年

※総務省統計局「主要品目の東京都区部小売価格」（1957年）調査結果より

株価は物価と一緒に上がる
みんながどんどん
お金を使う
物やサービスの
価格が上がる
お金の価値は下がる
会社の売り上げが
増えやすい
株価もアップ！
社員のお給料が
上がる
給料

同月比で3％の上昇が続いていました。

では、物価の上昇に対応するためにはどうしたらいいのでしょうか。アメリカでは、**「物価と同じく、時間の経過と共に価値が上がっていく物に投資をしよう」**と考えます。たとえば、株や投資信託などの有価証券です。

物価が上がると、材料費や運搬費、人件費も上がるので、企業は自社製品の価格を上げて売り上げを増やそうとしますよね。売り上げが増えると株価が上がるので、基本、株価は物価と連動して上がる傾向があるのです。

もちろん、全ての企業が商品やサービスの価格を上げられるわけではありません。値段を上げた途端に、お客さんが買ってくれなくなることもあります。そこで私は、さらにリスクを軽減させるため、多くの商品を組み合わせている投資信託に分散投資をするようにしています。

さて、ここまでの話で、預金以外の選択肢を子どもに持たせることの大切さがみなさんにも伝わったと思います。選択肢を持っているのといないのとでは、将来、取れる行動の幅が大きく変わりますよね。

とはいえ、投資詐欺にあったというニュースが後を絶たないのも事実で、2022年度、金融庁に寄せられた相談件数は6104件、うち実際に被害があったものが4807件。2021年度の相談件数は6144件、実際に被害があったものが5157件もありました。こうして見ると、「株で大損するくらいなら、預金の価値が目減りするリスクの方がマシじゃないの?」と思うかもしれません。

投資詐欺については後ほど詳しく書きますが、「絶対に儲かる投資先があるんだけど」なんて話にホイホイ乗ってしまうのは、投資について根本的なことがわかっていないからです。つまり投資について正しく知ることが、自分を守りながらお金を増やす最善の方法なのです。PART 4では、子どもと一緒に、大人も「投資とはなんなのか」を考えてほしいと思います。

社会を豊かにするために投資をする

前のページで説明したような投資のメリットだけを見てしまうと、「投資＝お金儲けの手段」だと感じる人もいるかもしれません。しかし私は、**「投資＝社会を豊かにする手段」**だと考えています。みんなが欲しい商品やサービスを提供してくれる会社にお金を預けると、その会社は、その商品やサービスを今よりも優れたものにする努力や、新しい商品やサービスを生み出す努力をします。つまり、**会社に投資をするということは、その会社が「社会を豊かにしていく応援をする」ということなのです。**その結果、会社が生み出した利益の一部が株主の自分にも返ってくるわけです。

投資をお金儲けだけの手段だと思っていると、いくらプラスになるとか、利回りでしか会社を見ることができなくなってしまいます。「この株は絶対に儲かるよ！」「数年で倍になる！」なんて誘いに飛びついてしまうのは、「みんながその会社を必要としているか」といった視点が抜け落ちているからなんですね。だから、子どもには必ず、「なんでこの会社がいいのか」ということを考えさせるようにしてください。この考えが、投資と投機の違いを理解することにも繋がります。

「投資」と「投機」を農地でたとえると

その土地からどれだけの
作物がとれるか
＝
「投資」
その土地がいくらで
売れるか
＝
「投機」

株を買うことで
『農業が発展する＝社会のためになる』のが投資です。
時間をかけて農地を育てる気持ちが必要ですね！

注意したいポイント

「投資」と「投機」は違うもの

会社が今よりもいい未来を作る応援をすることが投資ですから、株や投資信託などの金融商品は、投資先の将来を見据えて長期で保有することになります。

一方、デイトレードやＦＸなど、株や外貨などの金融商品を短期間で売買し、その差額を使って儲けを得ることを「投機」と呼びます。投機はギャンブルに近いもので、一瞬で大金を失うリスクをはらみます。投資と混同しないように注意してください。

農地にたとえると、土地を耕して作物を得ようとするのが投資、その土地自体を売買するのが投機です。投資とは違い、投機では農業が発展しないことがわかると思います。

イメージをつかむために実際に株を購入する

先日、息子が「Nintendoのゲームがいっぱい欲しいな！」と言い出したので、株について説明するチャンスだと思い、

「ゲームを買うのもいいんだけど、Nintendoの『会社』を買えるって知ってる？」

と、株式会社が発行している「株」を買うと、会社の「株主」になれるんだ、という話をしたんです。

「Nintendoのゲームがたくさん売れると、Nintendoのお金が増えて、株主の○○君のお金も増えるよ！」

「僕、Nintendoを買ってみたい！」

そこで、息子の選んだ株を私の口座で購入してみることにしました。子どもに「会社は買える」というアイデアを持たせるためなので、金額は少なくて構いません。日本では15歳から自分の口座で運用できますので、試してみてください。

株を買う時に考えること

どうしてみんなNintendoのゲームを買うんだと思う？
面白いから！
すごいね！
みんなが面白いと思うゲームを作れる会社なんだね！
「みんなが必要としている物やサービスなんだ」という視点を持たせましょう！

もし、株を買いたい会社の名前が挙がらなかったら、「みんなが欲しい物を作っている会社はどこかな?」「みんなが持っている物ってなんだろう?」という感じで話を進めるといいと思います。「みんなが必要としている＝みんなの問題を解決している会社」は利益を出すので、株主の自分にもその利益の一部が返ってきます。だから、「みんな」が必要としている会社を選ぶという発想ですね。

また、「テスラの電気自動車は空気を汚さないんだね。テスラを応援すると、環境問題の改善に繋がるよ」など、社会問題に取り組んでいる会社を投資先に選ぶこともできます。

私は、「Ｂｅｙｏｎｄ ｍｅａｔ」

社会のためになる会社

生産者に適切なお金を払っている会社
CACAO-TRACE
被災地を支援している会社
植林活動を行っている会社
役員に女性を採用している会社
培養肉の研究をしている会社
×
○

という代替肉を開発してる会社を応援したくて株主になっていますが、社会貢献を考えている会社は、長期的に見て、利益も上がるのではないかと思っているからです。

実際に投資をしなくても、買い物に行った際に被災地に支援している企業の商品やフェアトレードの商品を購入するだけで、その企業の応援になりますし、子どもが社会問題に関心を持つキッカケにもなると思います。

投資信託の仕組み

フルーツショップ
フルーツ
フルーツのプロ
いろんなフルーツが
売っている
単品だと、フルーツが腐ってしまったら終わりだけど、盛り合わせだと、腐ったフルーツだけをプロが入れ替えてくれます！

やってみよう！

お年玉を「投資信託」で運用

実際の資産運用では、投資のプロが運用する「投資信託」によるインデックス投資がリスクを抑えることができてオススメです。息子にも、「自分でフルーツを選んで買うのが『株』で、プロにフルーツの盛り合わせを作ってもらうのが『投資信託』だよ」と説明し、実際に自分のお年玉で挑戦してもらいました。まだ6歳なので親の口座を使っていますが、よい経験になったと思います。

最初に投資信託を買う時は、1万円など、キリのよい数字にするのがオススメです。半端な数字にするよりも、「お金の増え方の感覚」をつかむことがかんたんになりますよ。

資産運用のための基礎知識①「単利」と「複利」

「お金がお金を作る」ということを具体的に見ていきましょう。まず、金利とは何かを説明します。銀行にお金を預けると、お礼として利子を受け取ることができますよね。反対にお金を借りると利息を払わなければなりません。その計算に必要となるのが「金利」です。通常は預けているお金に対する1年間の利子の割合を示します。

「金利0・03％の6か月もの」定期預金に100万円を預けた場合は、

100万円×0・03％×（6か月／12か月）＝150円

という計算になり、半年後の利子は150円（税引前）になります。

また、利息の計算方法には「単利」と「複利」があります。単利は預けた元のお金に対してだけ利子がつくこと。「複利」は、預け入れ期間の途中で、預けた元のお金にそれまでについた利子を加え、その合計金額を新たな元本とする方法です。1年複利よりも半年複利のように、利子を元本に加える期間が短いほど、より多くの利子を得ることができます。

これは投資の場合でも同じで、配当金をそのまま元本に加えて再投資することで、「複利効果」が期待できます。たとえば「NISAつみたて投資枠」の商品は分配金を支

「年利3%」単利と複利の違い

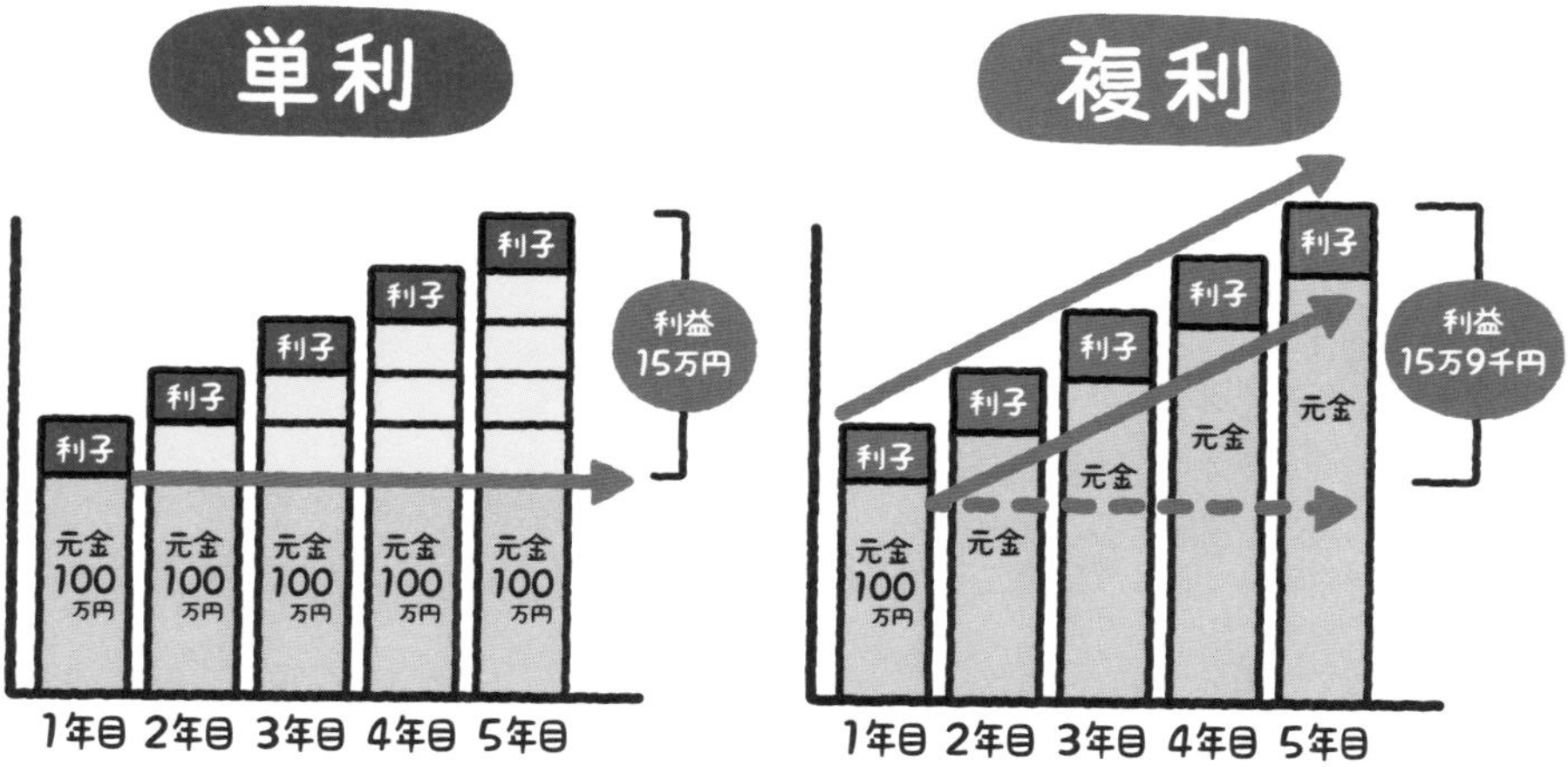
単利
利子
利子
利子
利子
利子
利益
15万円
元金
100
万円
1年目 2年目 3年目 4年目 5年目
複利
利子
元金
利益
15万9千円
元金
100
万円
1年目 2年目 3年目 4年目 5年目

払わない物が多く、特に複利効果が高いです。

投資では、投資した金額に対する利益の割合を「利回り」と呼び、**利益÷投資金額÷年数×100**で計算ができます。株は税金と売買手数料が、投資信託は税金と販売手数料、信託報酬などが引かれるので、利益からこれらの費用を差し引いてから計算した「実質利回り」を見ていく必要があります。

とはいえ、利回りは結果であって、投資する時点では何%で運用できるか誰にもわかりません。最初に投資した金額が減ってしまう「元本割れ」の可能性があるということも覚えておいてください。

雪だるまで複利効果を説明しよう

単利

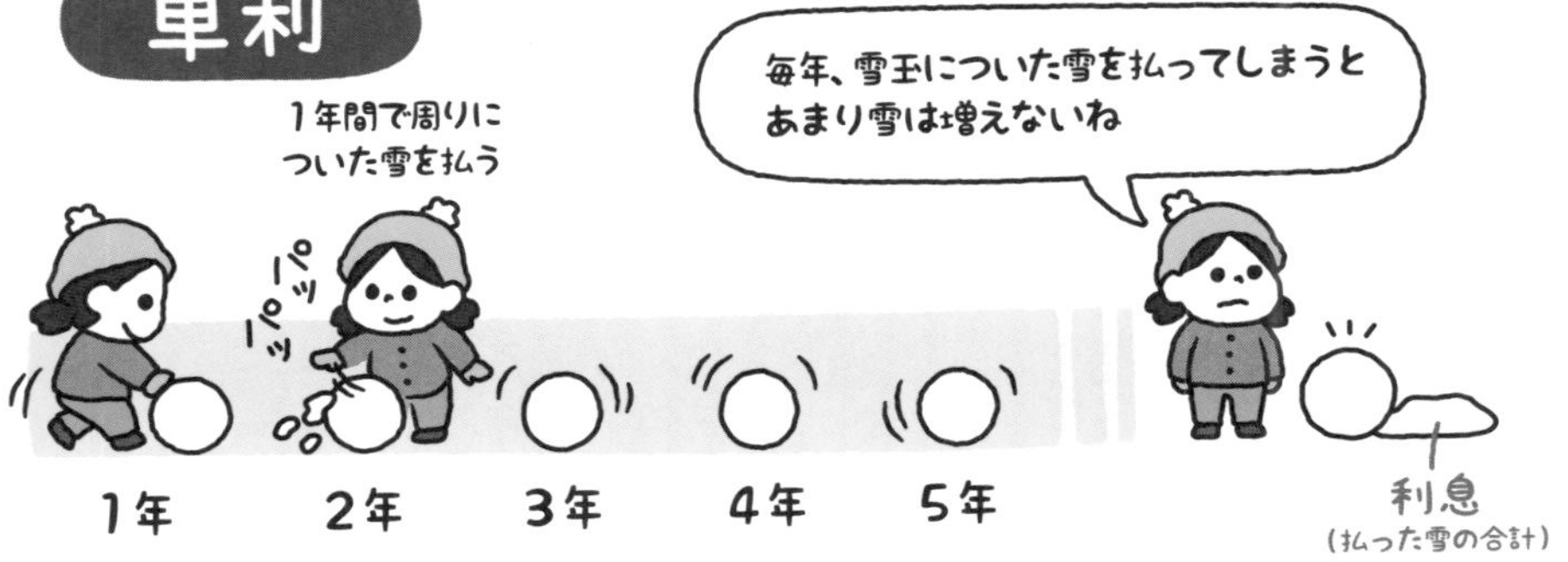

複利

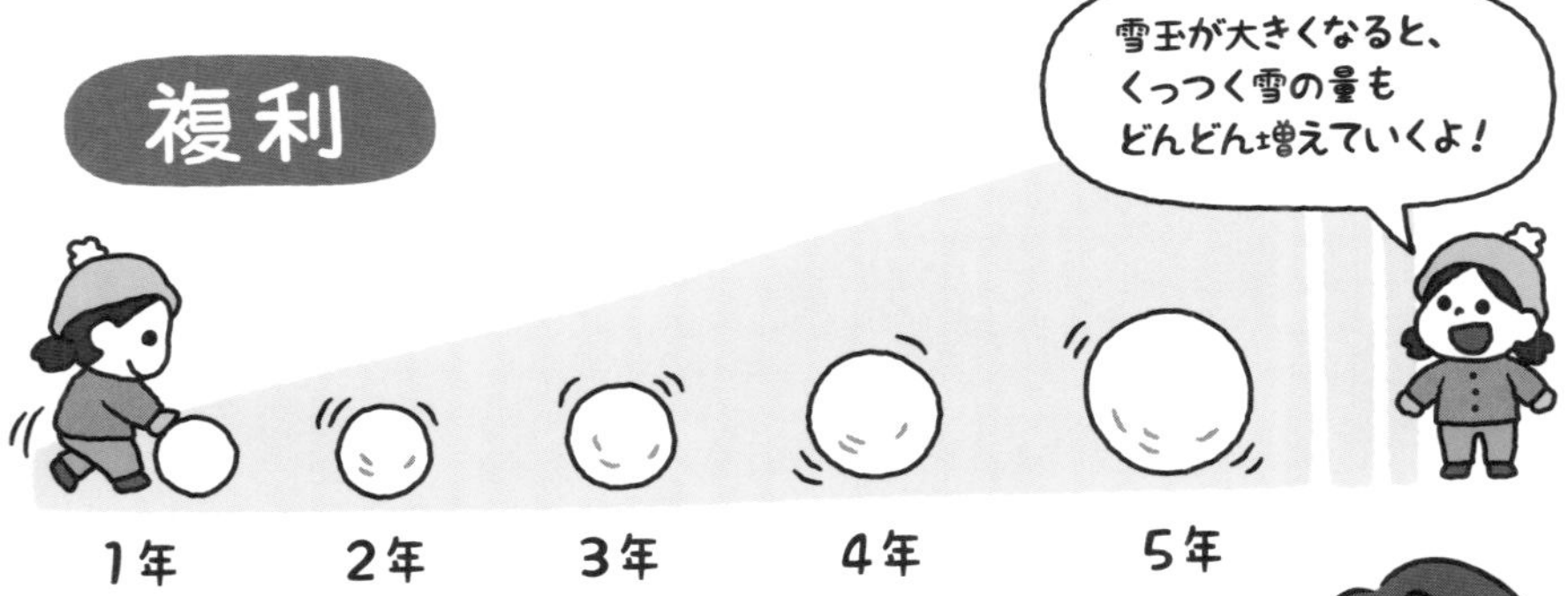

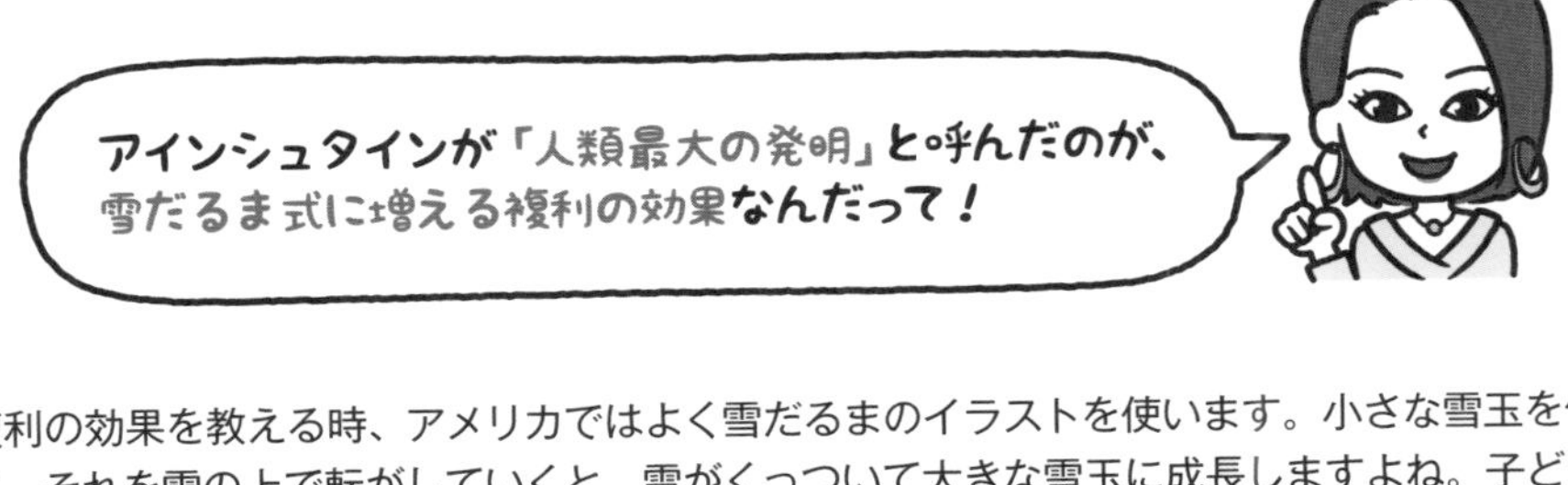

複利の効果を教える時、アメリカではよく雪だるまのイラストを使います。小さな雪玉を作り、それを雪の上で転がしていくと、雪がくっついて大きな雪玉に成長しますよね。子どもには、「最初の雪玉が預けるお金、まわりについた雪が増えたお金だよ」と説明します。

複利の効果は金利で変わる！

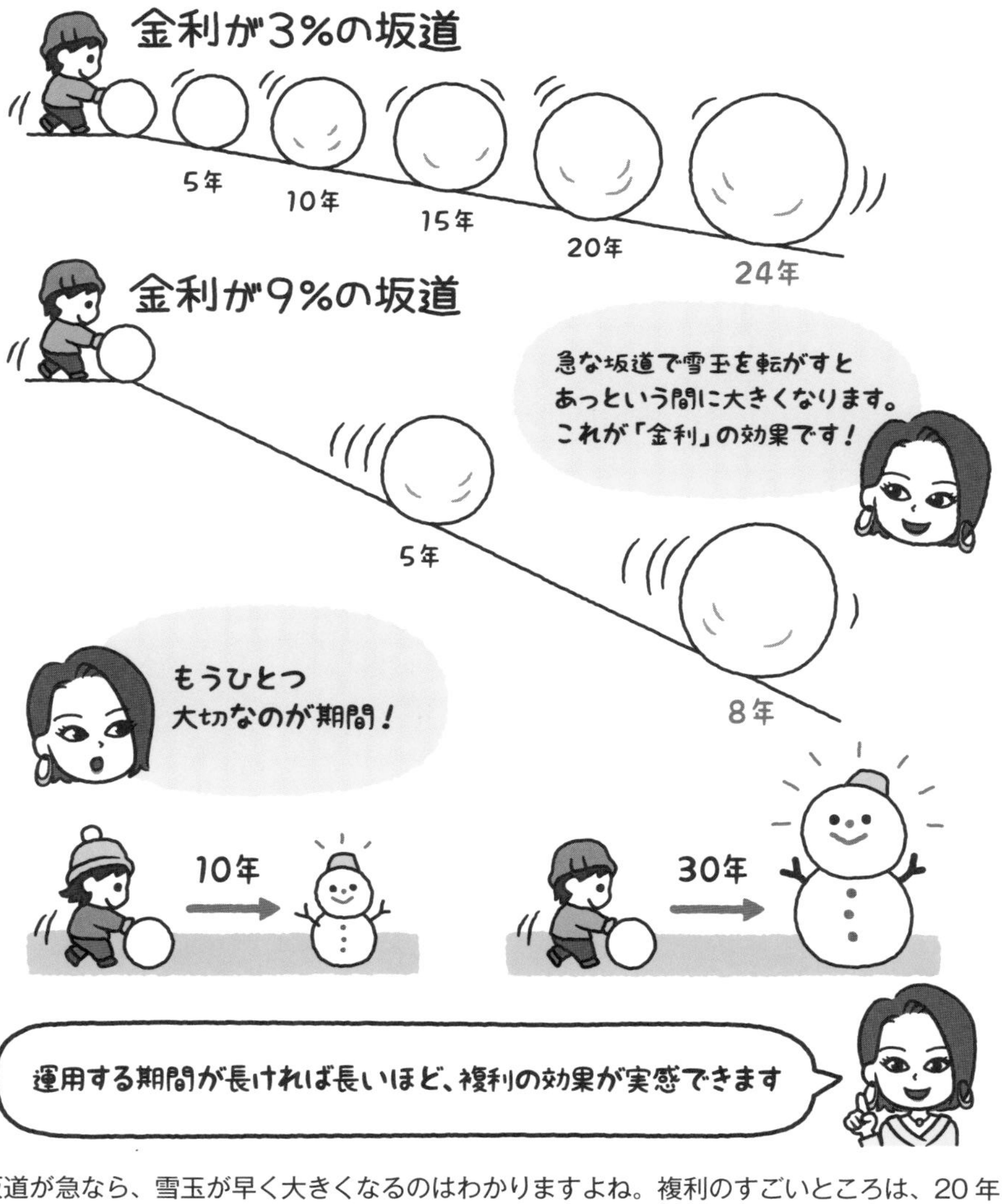

金利が3％の坂道
5年
10年
15年
20年
24年
金利が9％の坂道
急な坂道で雪玉を転がすと
あっという間に大きくなります。
これが「金利」の効果です！
5年
8年
もうひとつ
大切なのが期間！
10年
30年
運用する期間が長ければ長いほど、複利の効果が実感できます

坂道が急なら、雪玉が早く大きくなるのはわかりますよね。複利のすごいところは、20年30年と長期で雪玉を転がした時の増え方です。まだ6歳の息子は、時間を味方に付けることができるので、とても有利。時間は若い人に与えられた特権ですね。

資産運用のための基礎知識②
「72の法則」

10年後や20年後のライフプランを考える上で気になるのが、「複利で投資したお金はいつまでにいくら増えるのか」ということ。そんな時に便利なのが、アインシュタインが発見したとされる「72の法則」です。

運用利回り×運用年数＝72（72÷利回り＝年数）（72÷年数＝利回り）

この式を使うと、投資したお金が何年で2倍になるかをザックリ計算することができます。

「利回り5％」の投資信託に500万円を投資した場合は、

72÷5％＝14・4年

という計算になり、約14年半で500万円が2倍になるということがわかります。

また、「20年後に海外移住したいから、今ある500万円を1000万円に増やしたい！」という時は、

72÷20年＝3・6％

という計算になるので、利回り3・6％で運用すれば20年後のプランが叶うわけです。

ちなみに、銀行に預けた場合の増え方も計算してみましょう。金融庁の統計による

「72の法則」で計算してみると

運用利回り	運用期間
0.001%	7万2000年
0.1%	720年
1%	72年
3%	24年
5%	14.4年

普通預金の場合
2倍にするのに7万2000年かかる
BANK

利回り3%の
投資信託の場合
複利効果により24年で2倍に！

と、２０２２年３月の普通預金の平均年利率は０・００１％。預けたお金が2倍になるのは、72÷０・００１％＝７万２０００年後ということになります。どれだけ長生きしても、お金を2倍にするのは無理だということがわかりますよね。

この法則は、複利で利息を計算する借金を「返済しないまま置いておくと、何年で2倍になるか」も教えてくれます。お金を借りる前に、まずはこの法則に当てはめて考えてみてください。

COLUMN

投資を始める時に知っておいてほしいこと

この本を読んで、「投資をしてみようかな」と思った方に、私がふだん、どんな目的でどこへ投資しているかを少しだけ紹介します。

投資の目的は3つ。「①子どもの学費の準備」「②親の医療費や介護費の準備」「③自分の老後の資金の準備」です。これは、確実に必要になってくるお金なので、リターンを上げるのではなく、リスクを下げるような投資の仕方をする必要があります。短期間で金融商品を売買するような「投機」は絶対にNG。前のページで紹介した投資信託による長期の「インデックス投資」が最適だと思います。

始め方としては、まず、「①生活費の6ヶ月分と、3年以内に使う予定のお金を銀行に預ける」。それから、「②それ以外のお金をネット証券で投資」をします。今、日本だと、利益が非課税になるNISA口座がオススメ。まとまったお金がない人は積立がいいですよ。

さて、「プロが果物を選んでくれるフルーツの盛り合わせが投資信託」と説明しましたが、どの盛り合わせを買えばいいかは難しいですよね。私は、「S&P500」

投資をする時に注意したいこと

目先の利益に飛びつかない！
カタカタ
利回り30%！
こっちの方が
儲かるかも！
人の利益と比べない！
あそこの会社の
株で儲かったよ！
俺も買って
おけば！
暴落しても焦って売らない！
ウワーッ
急いで
売らなくちゃ！

に連動する投資信託をオススメしています。Ｓ＆Ｐ５００というのは米国株式市場の動向を示す株価指数で、時価総額が一定額以上あり、四半期連続黒字など厳格な基準をクリアしたアメリカの優良企業５００社で構成されています。Ｓ＆Ｐの基準を満たさなくなった銘柄はすぐに入れ替えられるので、常に最新の優良企業５００社の株を保有できるということになります。

　注意してほしいのは、平均を超えたリターンを謳っている広告はまず詐欺だということ。リターンを上げる情報収集に必死になるよりも、「市場平均リターンはどれくらいか」「運用時の信託報酬はどれくらいが妥当か」をチェックしましょう。

最後に、有名な投資詐欺「ポンジ・スキーム」の手口をお伝えします。まず、「まとまったお金を預けていただけたら、毎月20%の利益を配当金としてお支払いします」などと言ってお金を預かります。実際には運用せず、新しく参加した人のお金を、前からいた人の配当金に当てるんですね。最初は言われた通りの配当金が貰えているので、つい信用してしまいますが、しばらくすると首謀者はお金を持って逃げてしまいます。元本が戻ってくることはありません。

また、投資商品を勧められた時に、次の売り文句の内どれかひとつにでも当てはまったら、それは詐欺だと思った方がいいと思います。

①「短期間で必ず儲かる」
②「友だちを紹介してくれたら、報酬が貰える」
③「15%の配当金が貰える」投資で得られる利益は3%~7%程度です。
④「先着100名様まで」「5月4日までのお支払い」株や投資信託に人数や期間の制限はありません。
⑤「元本保証」

以上を覚えているだけで、リスクはぐんと減りますよ。

PART 5

あげる

Give

本章では「寄付について子どもにどう教えるか」「寄付をすることで何が学べるか」を考えます。稼いだお金を社会のために還元してみましょう。

自分自身へのヘルプにもなる寄付という文化

アメリカで驚いたことのひとつに、「日常的に寄付をする人が多いこと」があります。クレジットカードで買い物をすると、会計の最後に、「小児病棟に1ドル寄付しませんか？」「動物保護に1ドル寄付しませんか？」といった寄付を募る画面が出てくるのですが、みんな普通に「イエス」のボタンを押しているんです。「富める人は貧しい人に分け与えるべき」というキリスト教の教えもあり、**子どもの頃から寄付の文化に触れることが多いので、「寄付＝当たり前」になっている**のだと感じました。

また、多くの日本人が「少ないんじゃないかな？」なんて不安になりそうな金額でも、アメリカ人は気にせず寄付をします。払える人が払える時に払えばいいので、「あの家、1ドルしか寄付してないよ」みたいに金額をジャッジされることもなければ、「1000ドルも寄付するなんて、売名行為でしょ」みたいな批判も受けません。基本、寄付に対するハードルが低いのです。

同じように、寄付を募る側も同様です。小学校でも、「文房具を買えない家庭のため」「遊具を新しくするため」といった寄付の募集がしょっちゅうあります。お金以外にも、服や食べ物の寄付の呼びかけもよく見かけますね。

個人の寄付総額の比較

出典：日本ファンドレイジング協会

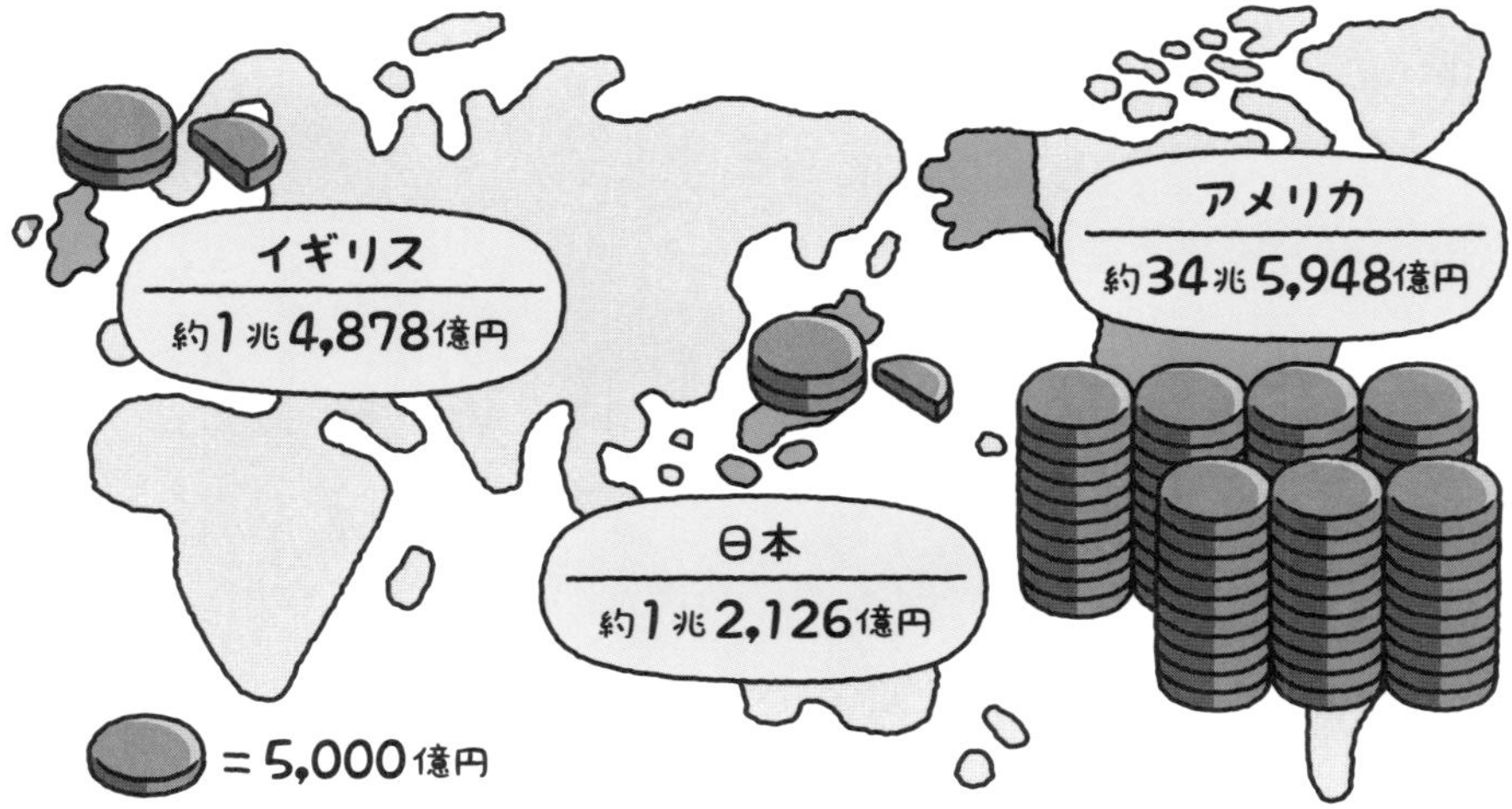
イギリス
約1兆4,878億円
アメリカ
約34兆5,948億円
日本
約1兆2,126億円
＝5,000億円

アメリカでは、寄付による税金の控除額がとっても大きい。税金を払うなら、「自分の応援したい団体に寄付しよう」ってなるようです！

この「寄付に対するハードルの低さ」には賛否両論あるかもしれませんが、私はとてもいいことのように感じました。なぜなら、**「困った時は、誰かに助けを求めてもいいんだ」**という発想を、息子に持たせることができるからです。

将来、病気になるかもしれないし、災害に巻き込まれるかもしれません。もっと小さな、個人的な問題が起きた時だっていいのです。そういう時に、「遠慮せずに他人を頼る」という選択肢のある人生であってほしい。「社会の一員である以上、その社会のために貢献するのは当然」という彼らの考え方は、自分自身を助けることにも繋がると思います。

寄付をすることのメリットは他に

実際にガーナに送ったイラスト

サッカーが大好きな息子は、Mちゃんと一緒にサッカーをしたいという気持ちを込めて絵を描いていました。

もあります。私は今、貧富の差や自然災害の頻発、紛争といった問題を抱えている地域を総合的に支援する国際NGO団体に、継続した寄付を続けています。支援をすると、その地域に住むひとりの女の子の成長を手紙を通して見守ることができるシステムで、息子は、アフリカのガーナに暮らす女の子とイラストで文通をしています。

　寄付をしたおかげで、行ったことがないガーナについて、興味を持つことができ、「ガーナってどんなところだろうね」「水を汲みに行くのに30分もかかるんだって」と、世界の問題に目を向けることもできたのです。

世界を知り、誰かの問題を解決し

ようとする姿勢は、仕事や投資をする上でもとても重要です。ＰＡＲＴ１でも書きましたが、仕事やお手伝いは「誰かの問題を解決すること」でお金をもらいますよね。こういった寄付を通して、今、世界のどこでどんな問題が起きているかを学ぶ癖をつけると、起業をしたり仕事で企画を出したりする時のヒントになります。

日本でも、東日本大震災やコロナの影響で、２０２２年の個人の寄付推計総額が10年前の２・５倍になりました。日本ファンドレイジング協会の発表によると、国民の約４・５割が何かしらの寄付を行っているのだそうです。後ほど紹介しますが、ふるさと納税やクラウドファンディングの認知度が上がったこともあるのでしょう。とはいえ、アメリカの８割に比べると少ないのも事実です。

寄付やボランティアなどの慈善教育を通して、「自分が望む社会を作っていく」という感覚を持つことは、とても大切なことです。日本ではあまり根付かない寄付文化ですが、我が家のやり方を紹介しますので、参考にしてみてください。「あげる」の貯金箱に入れた金額より、ずっと価値のあるものが手に入るのではないでしょうか。

誰のための寄付かを明確にする

寄付をする時に大切なのは、「いくら寄付をするのか」ということではなく、お手伝いと同じように**「誰のどんな問題を解決するために寄付をするのか」です。**ただお金を出せばいいわけではありません。子どもに、貧困や飢餓、環境破壊などについて考えてもらうためにも、寄付の目的をハッキリさせましょう。

我が家では、ハワイでの山火事についてのニュースを見てこんな話をしました。

「山火事で、家が燃えちゃった人がたくさんいるみたい。何かヘルプしたいんだけど、どう思う？」

「すごく遠いのに、どうやってヘルプするの？」

「お金を送ったら、必要な物を買う手助けになるんじゃないかな？」

他にも、「家が燃えてしまったらどこに住むのかな？」「食べるものは？」など、必要な支援を一緒に調べるのがいいと思います。この時は、ブレスレットの売り上げを被災地に送ってくれるショップを見つけたので、息子と色違いで購入しました。

こんな時はどうする？

子どもが寄付に否定的

我が家でも、「ボクが一生懸命お手伝いして稼いだお金なのに」と、息子に寄付を渋られた話はしましたよね（P38）。ところがある日、「いつも優しくしてくれる友だちに、お金をあげたい！」と「あげる」の貯金箱を持ってきたんです。さすがに現金は止めましたが、友だちが好きそうなお菓子を買ってプレゼントしていました。喜んでもらえたようで、息子もとても幸せそうでした。

身近な人に何かをしてあげたいという気持ちは、どの子も持っているのではないでしょうか。寄付をする先の人が「どんな人で何に困っているのか」を詳しく知り、身近に感じられるようにしてみてください。きっと、寄付に対するモチベーションが上がると思います。

たとえば、戦争をしている国に寄付をするのであれば、地球儀を出し、「今、この国とこの国が戦争をしてるんだって」となるべく具体的に話をします。「違う国に逃げなきゃいけない人もいるんだね」「〇〇くんと同じ歳くらいの子もいるね」「学校は行けてるのかな？」という感じで、さらにイメージを膨らませていきます。お子さんの年齢に合わせ、写真や動画などを見ながら説明するのもいいと思います。

子どもと一緒に寄付先を選んでみる

SNSのフォロワーさんから、実際に子どもが寄付をするとなった時、「どこに寄付をさせればいいのかわからない」という質問をよく受けます。幼児なら、近くのスーパーの募金箱でも十分だと思いますが、小学生なら、**子どもが興味を持っていることに関係しそうな寄付先を一緒に探す**のがいいと思います。

「犬とか猫に、殺処分されちゃう子がいるって知ってる?」

「そうなの? 自分にできることはあるかな?」

「その子たちのお世話をしてくれている団体があるみたいだよ!」

など、ちょっとしたヒントを渡し、子どもに寄付先を選んでもらうようにします。海が好きな子にはウミガメの保全活動の話をしたり、スポーツが好きな子には発展途上国へスポーツ用品を送る活動の話をしたり、様々なアプローチができると思います。

ふるさと納税の仕組み

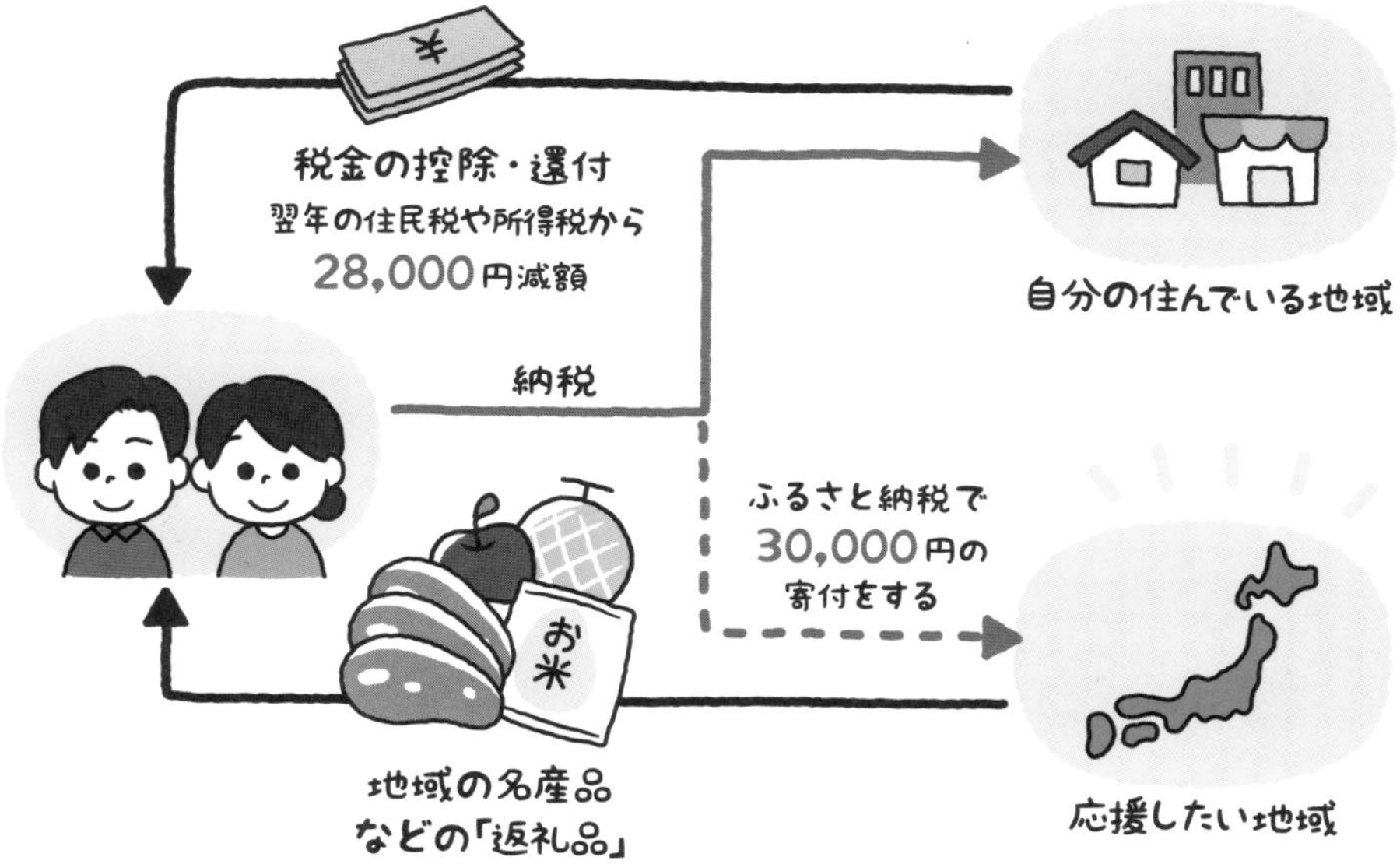
税金の控除・還付
翌年の住民税や所得税から
28,000円減額
自分の住んでいる地域
納税
ふるさと納税で
30,000円の
寄付をする
お米
地域の名産品
などの「返礼品」
応援したい地域

さらにこんなポイントも

地域の問題を解決するために

それでもどこに寄付をしたらいいかわからない場合は、ふるさと納税をチェックしてみてください。生まれた故郷や応援したい自治体に「寄付」ができる制度で、寄付金から2000円を引いた金額が、自分の住んでいる自治体に納める住民税や所得税から引かれる仕組みになっています。

その自治体の名産品などを返礼品としてもらえるので、知らなかった地域の産業を知る機会にもなると思います。

また、2017年から、前橋市が「ふるさと納税の趣旨である『寄付を通じて地域に貢献する』をより推進したい」と返礼品の見直しを進め、賛同した自治体が「思いやり型返礼品」を考えました。これは、寄付をした人ではなく、「他の

ふるさと納税にはこんな支援も！

おはなし
えほん
図書館に児童書を充実させるプロジェクト
電流で動く義手の普及プロジェクト
野生動物の保護プロジェクト
TAXI
デマンドタクシーの普及事業
重要文化財の修復事業
物資
物資
被災地にダイレクトに寄付をすることもできますよ！

誰かのためになる返礼品」であることが特徴です。

たとえば、「障害者施設や就労支援施設の協力で作られたハーブティーを返礼品にする（福井県坂井市）」というものや、寄付者からのプレゼントという形で、「市内の施設へ車椅子を寄贈する（群馬県前橋市）」といったものもあります。今後は、「高齢者のために雪かきをする」といった支援イベントに参加するための費用に充てる、参加型の返礼品も予定されているそうです。

さらに、ふるさと納税には、「自分のお金の使い道を決められる」というメリットがあります。

日本人が寄付をしたがらない理由のひとつに「寄付先に対する不信感」が挙げられます。日本ファンドレイジング協会による「全国寄付実態調査」（2017

年）では、「寄付したお金がきちんと使われているのか不安に感じる」という設問に「とてもそう思う」「ややそう思う」と答えた人が全体の8割以上。寄付先を選ぶ際に重視したことは、「寄付金の使い道が明確で、有効に使ってもらえること」でした。

ふるさと納税は、「福祉の充実」「子育て支援」「スポーツ・文化の振興」など、寄付金の使い道を選択することができます。中には、「小中学校、幼稚園のトイレの洋式化を促進するために活用（千葉県野田市）」、「幌尻岳の登山ルートの整備に関する事業に活用（北海道平取町）」など、かなり細かなところまで用途を出している自治体もあります。子どもと一緒に「この市はこんな問題に取り組んでいるんだって！」「とてもいい事業だから応援しよう！」と話しながら選べます。

自治体が行う「ガバメントクラウドファンディング」では、自治体が抱える問題を解決するための具体的なプロジェクトに寄付をすることが可能です。税金の控除額もふるさと納税と変わらないので、子どもが関心を持ったプロジェクトに寄付をしてみてはいかがでしょうか。

COLUMN

気軽に寄付ができるユニークなドネーション

アメリカでは寄付を募る側のハードルも低い、と書きましたが、実際にどんなドネーションがあるのかを紹介してみたいと思います。

友人の子どもが通っている公立の学校では、寄付を募るために子どもが校庭を走るというチャリティーイベントがあります。「子どもがトラックを1周すると5ドル寄付する」という感じで、親が寄付をするんです。自分の子どもが頑張って走れば走るほど、寄付額が増えていくので、親としては「頑張って走ってね!」という気持ちと、「もう走らなくていいよ!」という気持ちのせめぎ合いになるんですけど。子どもにはノートなどの景品が出るので、頑張って走ってしまうんですよね。発想がユニークだなあ、と感心しました。

ハロウィンのドネーションもユニークだと思います。ハロウィンになると、子どもたちは近所の家からお菓子をバケツいっぱいにもらってくるんですね。そんなにたくさん食べられるものでもないので、結構、困るわけです。捨てるわけにもいかないですしね。その、ちょっと持て余してしまっているお菓子を集めて、海外のアメリカ軍基地に駐留している人たちに送るシステムがあるんです。それに協力しているのが、

世界の募金活動

面白いものがたくさん!

オリジナルの切手と消印で寄付を募る

国境なき記者団（オーストリア）

55
55
55

「はんぶんこ食品」の販売

Casa do Zezinho（ブラジル）

この半分の食品が、貧しい人たちに届けられるのか!

回転寿司のお皿で日本への寄付を募る

Japan Earthquake Appeal（オーストラリア）

3.50

なんとデンタルクリニックなんですよね。多分、「お菓子を食べすぎると虫歯になるから、ここに持ってきてね」みたいなことなんだと思います。持っていくと少しだけキャッシュバックもしてくれるので、子どもも喜ぶシステムです。

日本にも、飲めば飲むほど社会貢献ができる「チャリティー自販機」や「募金自販機」といったものがあります。購入した代金から10円が自動で寄付されたり、募金ボタンを押しておつりを寄付したりできるシステムで、こちらもついで感があって、寄付のハードルを下げてくれそうです。

ほかにも、バーでお酒を飲

みながら、子ども食堂を支援している団体やフェアトレードの普及を目指す団体など、いろんなNPOのプレゼンを聞くというイベントもありました。名前は「KIFUBAR」。応援したいNPOを指名して、お酒を飲むと、そのお酒の金額の40%が寄付されるというもの。こちらも、飲めば飲むほど社会貢献ができるわけです。こういった、寄付に対するハードルがちょっと下がりそうなイベントが増えるのは喜ばしいことだと思います。

オンライン上でも、ユニークな募金活動はたくさんあります。たとえば、ユニセフとGoogleChromeが連携した「教育機会に恵まれない子供たちのための識字率向上キャンペーン」。GoogleChrome上で入力した文章にスペルミスがあると、正しいスペルと並んで、「この文字を寄付しませんか」と表示される仕掛けです。

カナダのアルツハイマー病患者の支援団体は、読んでいた記事がスクロールをすると消えてしまうサイトを作り、患者の「ほんの少し前の記憶が消えてしまう」という症状を疑似体験してもらうという募金キャンペーンを行っていました。

どちらも、ユーザーがハッとする、効果的な呼びかけですね。

PART 6

お金の「なんで」「どうして」

Why and How

ポイント制お小遣いを導入する際に、子どもから聞かれそうな「お金の基礎知識」をまとめました。

どうして同じ商品なのに時期によって値段が変わるの？

子どもとスーパーで買い物をしている時に、「この間は１００円だったのに、なんで今日は２００円になってるの？」なんて聞かれたことはありませんか？ＰＡＲＴ ６では、子どもたちの「なんで」「どうして」に答えるために、ここまで出てきたお金の話をわかりやすく説明していこうと思います。

右のような質問が出たら、「需要と供給」について説明するチャンスです。値段を左右する要因はいくつかありますが、そのひとつが、**消費者の「買いたい！」という気持ちと生産者の「売りたい！」という気持ちのバランス**です。イチゴパフェを作っているお店を例にとって考えてみましょう。

冬から春にかけての収穫期は、お店が必要とする量を上回るイチゴが生産者の手元にあります。「売りたい！」が「買いたい！」を上回ってしまうので、少しでも多く売りたい生産者は値段を下げます。でも、夏になるとイチゴの生産量は減ってしまいますよね。イチゴがないと困るお店は少しくらい高くても買い取ってくれますから、生産者は値段を上げます。このように、値段は売り手と買い手が納得する価格に落ち着くのです。

「買いたい」と「売りたい」で値段が決まる

「売りたい！」が多いと値段が下がる

イチゴがたくさんとれた時
余っちゃうと困るから、安くするよ！
安いなら買おうかな！
わたしにもちょうだい
僕にも！
300円
イチゴがたくさんとれなかった時
とっても貴重なイチゴだよ！
高いけど、珍しいから買おうかな！
500円
果物や野菜が豊作の時は値段が下がって、不作の時は値段が上がります

「買いたい！」が多いと値段が上がる

夏
SALE
冬
SALE
休日・お盆・正月
みんな旅行に行くから、飛行機代だけで8万円もしたよ
平日
5万円で航空券が買えたよ！

果物や野菜に収穫量が多くなる「旬」の時期があるように、旅行にもオンシーズンとオフシーズンがあります。旅行に行きたい人が多い連休は、飛行機もホテルも予約がどんどん入るので、値段が上がります。需要と供給によって値段が決まるわかりやすい例ですね。

どうして同じ商品なのに場所によって値段が変わるの？

「スーパーで100円の水が山の頂上だと500円になるのはなぜ？」と聞かれたら、どう答えますか？　山の上では、ミネラルウォーターの在庫が少なく貴重なので、「需要と供給」の関係で値段が上がるのですが、もうひとつ大きな要因がありますよね。そう、運搬費です。車が通れないような山の頂上には、人間が重い商品を担いで運んでいます。**大変な思いをして運んだ水の値段は、かんたんに運べる平地の水よりも高くなるのです**。

以前、友人の中学1年生の息子さんが「自分でお小遣いを稼いでるんだ！」と言うので、その方法を聞いてみました。近くのスーパーで袋に入っているチョコレートを買って、ビーチで小分けにして売っているのだそうです。海辺の売店などを見て、「ポテトチップスが6ドル！」「コーラが5ドルもする！」「海では食べ物や飲み物が高く売れるんだ！」と気づいたんでしょうね。この場合も、近くに売っていない物を遠くから運んできた運搬費も貰っていることになります。また、「遊んでいる時に、わざわざ買い出しに行かなくてもいい」という「利便性」も同時に売っています。なかなか鋭い視点を持っているな、と感心した出来事でした。

高くても「買いたい！」人がいる

運搬費が上がると値段が上がる

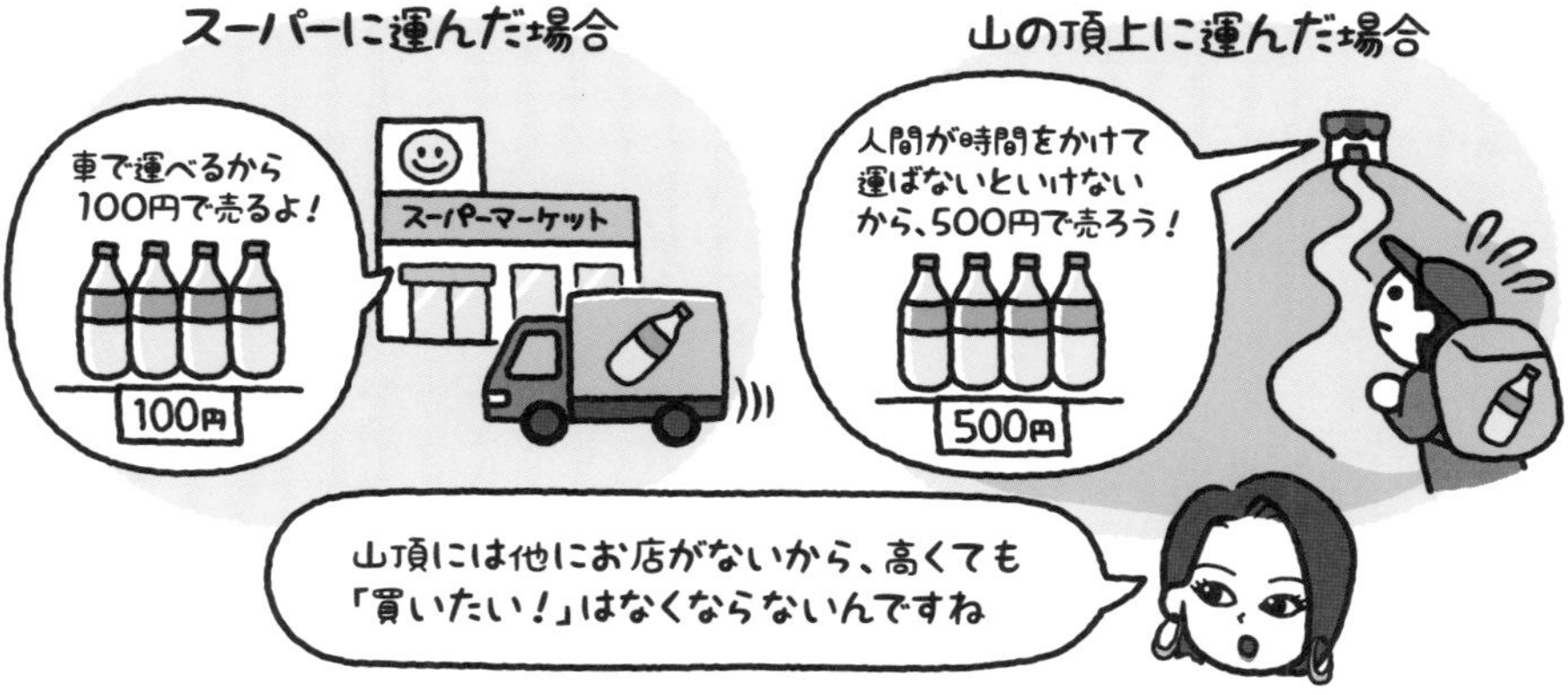

利便性が上がると値段が上がる

コンビニエンスストアで買うよりもスーパーで買った方が安い物はたくさんあります。私たちにとって大切なのは、安さだけではなく、「いろんな場所にあって」「いつでも開いている」という「利便性」だということがわかりますね。

どうして「数字が書いてあるだけの紙」で物やサービスが買えるの？

他の国の紙幣やコインを見て、「これが本当にお金なの？」と思ったことはありませんか？　昨年、息子とマレーシアへ行ったのですが、マレーシアの紙幣は、青、緑、赤、黄色、紫とカラフルで、おもちゃみたいなんですね。息子も、「これがお金？」と不思議そうな顔をしていました。

1ドル札だって、実際は絵や数字が書いてあるただの紙でしかありません。それなのに、どうして「1ドル札には1ドルの価値がある」とされているのでしょうか？　それは、「みんながその紙をお金だと信用している」からです。**「この紙を持って行くと、同じ価値の商品やサービスと交換してもらえる」とみんなが信じているから、お金として使える**のです。

逆に、信用がないお金は紙切れと変わりません。日本人の少ない国で円を見せても、「これがお金？」と言われてしまうでしょう。中には、円から直接その国の通貨に両替をすることができない国もあります。しかし、ドルは世界中の多くの国で使えます。これは、世界中の人たちが「この紙はアメリカのお金だ」と信用しているからです。

信用があれば何でもお金になる

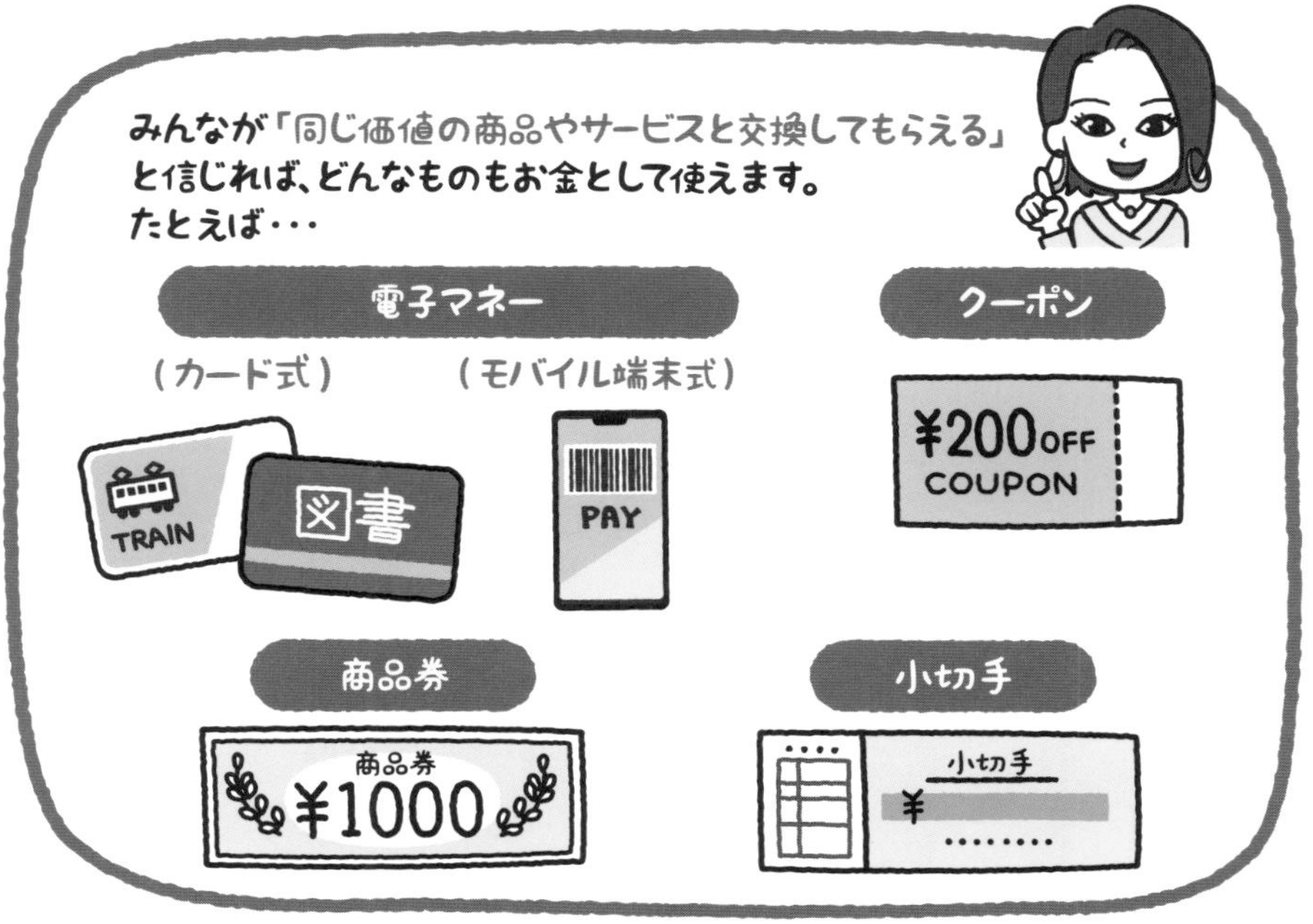

インターネット上でやりとりできるお金「暗号通貨」も同じです。（日本では「ビットコイン」が有名です。）実際に手で触ることはできませんが、「これはお金だ」と信じている人たちの間では、お金と同じ役割を果たしてくれるのです。

円高と円安、どっちがいいの？

海外と商品を売り買いするには、相手の国の通貨、アメリカなら「ドル」、中国なら「元」、韓国なら「ウォン」に両替しますよね。このとき、「1円を何ドルと交換するのか」という問題が出てきますが、これも、先ほど説明した「需要と供給」で決まります。**ドルが欲しい人が多いとドルの値段が上がり、反対に円が欲しい人が多いと円の値段が上がります。**

最近、ニュースで耳にする「円安」という言葉は、円を買いたい人が少ないせいで円の値段が下がり、「1ドルで150円も買えた！」という状況になっていることを指します。逆に、円を買いたい人が多ければ、円の値段が上がり、「1ドルで80円しか買えない」というようなことが起きます。

ところで、子どもから「円安と円高どっちがいいの？」と聞かれたら、どう答えたらいいでしょうか？　円高になると、海外製品や小麦などの原材料を安く輸入できます。反対に、日本製品を輸出している企業は、円での売り上げが減ってしまうことになります。円安ならその逆ですね。つまり、円安と円高は、置かれている立場によっていいか悪いかが変わるのです。

円の価値は変動している

円高・円安ってどんな状況？

円をチョコレートに置き換えてみると（アメリカから見て）

こんなに買えるなんて、
このチョコレート(円)は
安いな！
Choco

1ドルで ➡ 150円も買えた！
円安

これだけしか買えないなんて、
このチョコレート(円)は
高いな
Choco

1ドルで ➡ 80円しか買えなかった！
円高

円高と円安で値段がこんなに変わる！

※円高（1ドル80円の場合）：円安（1ドル150円の場合）

アメリカから2ドルの水を輸入すると

円高の時は160円
円安の時は300円

アメリカから600ドルの豚肉を輸入すると

円高の時は48000円
円安の時は90000円

アメリカから5万ドルの車を輸入すると

円高の時は400万円
円安の時は750万円

アメリカで80ドルのホテルに宿泊すると

円高の時は6400円
円安の時は12000円

HOTEL

実際には輸送費や関税もプラスになりますが、それを抜いても、
円高の時と円安の時で値段に差が出るのがわかりますね

2021年まで「1ドル＝110円」だったものが、2023年には「32年ぶりの150円台」と聞くと、なんだか円の価値が上がったような気がしてしまいますが、反対なんですね。子どもが疑問に思うことも多いと思いますので、上の図で説明してあげてみてください。

「景気がいい」ってどういうこと？

高そうな買い物をしている人に「景気がいいね！」と言ったり、落ち込んでいる人に「景気の悪い顔してどうしたの？」と聞いたりしますよね。景気は様々な場面で使われる言葉ですが、経済について、「景気がいいってどういうこと？」と聞かれたら、なんと答えたらいいでしょう？

経済の「好景気」「不景気」は、社会に「お金が出回っているかどうか」で決まります。

会社が儲かって、従業員の給料が増えると、買い物をする人が増えますよね。そうすると、世の中にたくさんのお金が出回るようになります。これが、「好景気＝国が元気のある状態」です。反対に、会社が儲からなくて、従業員の給料が増えなくなる。そうすると、みんながお金を使わずに貯め込み、さらに世の中のお金が減っていく「不景気＝国が元気のない状態」になります。

景気がいいと、「買いたい！」が増えることになるので、結果的に物やサービスの価格が上がることがあります。景気がいいことは嬉しいことですが、こうして値段がどんどん上がっていって「インフレ」状態になると、給料が上がらない人や年金で生活しているお年寄りにとっては嬉しくないことになってしまいます。

好景気と不景気は順番にやってくる！

こんな質問が来たら？ 景気がいいか悪いか、どうやって決めるの？

同じ日本に住んでいても、「景気がいいな」と感じる人もいれば「景気が悪くなったな」と感じる人もいますよね。

そこで、内閣府は「製品を作るための機械が売れているか」「新車が売れているか」などの景気がよくなる前触れの現象や、「デパートの売り上げが伸びているか」「電気の使用量が増えたか」「失業率が減ったか」「会社が納める税金が増えているか」などを調べ、「今、景気がいいよね！」と判断するようにしています。

景気はジェットコースターのようなものので、好景気と不景気を常に繰り返しています。日本も、好景気と不景気を繰り返しながら成長を続けているんですね。

時代によって物の価格はこんなに変わる！

国の経済成長に合わせて、物の値段もどんどん変わっています。電車に30円で乗れた時代があったなんて、驚きですね。

電気代の変化
（1か月の基本料金又は最低料金）

1965年	180円
1974年	200円
1976年	220円
1980年	260円
1989年	268円
1997年	273円

家賃の変化
（3.3m²あたりの1か月の民営借家）

1965年	730円
1967年	1670円
1971年	2010円
1974年	3110円
1977年	4070円
1983年	5051円
1988年	6848円
1989年	7169円
1993年	8372円
2003年	9294円
2010年	9002円

※総務省統計局「主要品目の東京都区部小売価格」（1950年～2019年）調査結果より

鉄道運賃の変化
（1回あたりのJR以外の乗車賃）

1973年	30円
1976年	60円
1980年	80円
1982年	100円
1984年	120円
1990年	140円
1995年	160円

はがきの値段の変化

1950年	2円
1951年	5円（年賀はがき4円）
1966年	7円
1972年	10円
1976年	20円
1981年	40円
1989年	41円
1994年	50円
2014年	52円
2019年	63円

「税金」ってなあに？

みんなが暮らしやすい社会を作るために、国や都道府県、市区町村などが、住んでいる人たちから集めるお金が「税金」です。お金を稼いだ人が国に払う「所得税」や会社が国に払う「法人税」、国民全員が住んでいる地域に対して払う「住民税」、買った物やサービスに対して払う「消費税」などは、小学生も聞いたことがあるのではないでしょうか？ ほかにも、遺産を受け取る時に払う「相続税」や自動車を買う時に払う「自動車税」、お酒を買う時に払う「酒税」、たばこを買う時に払う「たばこ税」、温泉に入る時に払う「入湯税」などがあります。

税金の話をすると、「どうして払わないといけないの？」と言う子も少なくないと思いますが、そんな時は、「税金が何に使われているのか」「税金のおかげでどんなサービスを受けられているのか」を一緒に調べてみましょう。

ちなみに、世界には不思議な税金がたくさんあります。ロシアではヒゲが生えている人に「ヒゲ税」が、イギリスでは窓の数により「窓税」がかけられていた時代がありました。子どもと一緒に、面白い税金を探すゲームも楽しいかもしれませんね。

税金はこんなところに使われている

学校
図書館
博物館
公園
市役所
交番
病院
橋
ダム
消防車
道路の
定期点検と補修
工事中
ゴミの
収集と処理
高齢者や
障害者のため
地域の
産業のためにも
使われているよ

こんな質問が来たら？

税金は何に使われているの？

たとえば、公立の小中高校の校舎は税金で建てられています。教室にある黒板やチョーク、理科室にある実験道具や音楽室にある楽器、体育館にあるボールもみんな、税金で賄われています。警察官や消防官、ごみ収集員などのお給料も税金から出ていますし、事件があった時に駆けつけるためのパトカーや消防車、救急車、ごみ収集車にも税金が使われているのです。

この税金の使い道は、国民が選挙で選んだ国会議員たちが話し合いで決めています。子どもには選挙権はありませんが、どの議員が、どんなふうに税金を使っているかを確認しておきましょう。将来、投票をする時の参考になると思います。

税金がないとこんな国になる!?

風邪をひいたら?
診察して
薬をもらって
10000円!
火事が起きたら?
誰も消しに
来てくれない!
教科書も
ワークも買えない!
先生もいない!
穴が開いても
そのまんま!

こんな質問が来たら?

税金がなかったらどうなるの?

みんなが暮らしやすい社会を作るための税金がなかったら、様々な問題が起こります。たとえば、公立の学校の先生は税金から給料を貰っているので、税金がなかったら、学校は今よりずっと少なくなります。お金のある家の子は私立の学校に通えますが、そうではない子は学校に行けず、教育の格差が生まれます。

警官のパトロールも有料になるでしょうし、事件が起きた時も、捜査の依頼にお金が必要になるかもしれません。ゴミの収集も有料になります。ほかにも、道路や交通標識の整備ができなくなるので、交通事故が増えるかもしれません。

番外編

子どもとお金の悩みQ&A

Question and Answer

ブログやInstagramに寄せられた中から、他の方にも知っていただきたい質問を選んでお答えしました。

Q1

奨学金の返還が大変だというニュースを見かけますが、借りても大丈夫でしょうか？
また、借りる時はどんな注意が必要ですか？

A1

就きたい職業があって、行きたい大学があるのであれば、将来への投資として奨学金を借りるのもよいと思います。**返済のシミュレーションについてしっかりと話し合うことが大切です**。目指している職業に就けた場合の平均収入を調べ、そこから毎月の家賃や食費といった生活に必要な金額と返済に必要な金額を引いた時、「どれくらいのお金が残るのか」まで考えるようにします。

２０１６年、労働者福祉中央協議会で、奨学金制度を利用した時の返済条件や滞納リスクについての理解度を調査したところ、「あまり理解していなかったと思う」と「まったく理解していなかった」が全体の４割を占めていました。学校の先生が勧めてくれるものですし、消費者金融への借金とは違うイメージを持っているせいもあるかもしれませんが、滞納リスクも話し合いましょう。

また、転職を考えたり、新しいことにチャレンジしたいと思ったりした時、月々１万円の返済でも、大きなあしかせになることがあります。**「それでもその学校に行きたいかどうか」「他の選択肢はないか」を子どもと一緒に考えてみてください。**

Q2

習い事の金額について聞かれたのですが、子どもに話してもいいのでしょうか？無意識の遠慮に繋がるような気がして心配しています

A2

親が日常的に「私たちはお金を持っている」「生活には困っていないよ」と伝えていれば、子どもが遠慮をすることはないと思います。まず、**「あなたの習い事のお金や学費の用意はあるよ」「心配いらないよ」と伝えた上で、金額を教えてあげるのがいいのではないでしょうか。**

もしも、余裕がない中で払っている月謝があるのであれば、「生活費の予算を超えてしまうから」と説明をして、習い事をやめても構わないと思います。子どもがどうしても続けたいのであれば、親が家計を見直して、「外食を月1回に減らせば続けられそうだよ。本当にやりたいなら、ママもパパも全力で応援するよ！」と提案してみてください。親が一方的に決めるのではなく、家族の一員として、子どもと一緒に考えて決めるのがいいと思います。

先日、息子が学校で、ホットランチ（日本の学食みたいなもの）を食べたいと言い出した時も、同じような提案をしました。「ホットランチにすると、毎月の予算がオーバーしてしまうのね。その分、お出かけする回数を減らそうと思うけど、どう思う？」と言われた息子は、自分で考えて「しばらくはお弁当にする」と決めていましたよ。

Q3

**親子でお金について話す時、
どこまで詳しい話をしていいのか悩んでいます。
年収を聞かれたらどうしていますか？**

A3

小学生くらいになると、同級生の家と自分の家を比べるようになりますよね。友だちの方がオモチャをたくさん持っていたり、旅行にたくさん行っていると、「ウチって貧乏？」「ちゃんとお給料をもらってる？」という疑問を持つことも出てきます。

家賃や光熱費など、生活にかかる金額は教えてもいいと思いますが、私は年収は教えていません。それは、とてもプライベートなことだから。子どもだからではなく、息子が大人になったとしても言わないと思います。実際に聞かれた時は、**具体的な金額ではなく、「○○くんと暮らすのに困らないだけのお金をもらっているよ」と答えていました**。

とはいえ、「お金を持っている」と言ってしまうと、「じゃあ、オモチャ買ってよ」という話にはなりますよね。そんな時は、"Just because you can, it doesn't mean you should."と答えるようにしています。「お金を持っているからといって、それを買わなきゃいけないわけじゃないよね」です。これは、事業家、慈善家で、ビル・ゲイツ氏の元妻であるメリンダ・ゲイツさんが、子どもたちに何かをねだられた時に使うと言っていたセリフで、かっこよくて真似しています。

年収を聞かれた時のNGな答え方

親が否定的に回答してしまうと、子どもは「お金のことは聞いちゃいけないんだな」と思い、それ以降、質問をしなくなってしまいます。せっかくお金に興味を持ったタイミングなので、一緒に平均年収を調べるなど、好奇心を支えられるようにしましょう。

Q4

子どもがお金のトラブルに巻き込まれた時のために、親にできることはありますか？

A4

ゲームや漫画アプリなどの課金がいつの間にかすごい額になっていたり、友人とのお金の貸し借りで揉めてしまったり、子どもの成長と共に、金銭トラブルに巻き込まれる可能性は増えていきます。どんなトラブルも、できるだけ早く対処をすることが大切ですが、子どもをずっと見張るわけにもいきませんよね。**親にできることは、何かがあった時に「子どもが相談しやすい環境作り」**だと思います。

我が家ではそのために、「子どもの『行動』は注意するけど、『感情』は責めない」ようにしています。息子が友だちとケンカをして、「大嫌い！」と泣いて怒っていても、「そっか。そういう気持ちが残っているんだね」と、ありのままを受け止めるようにしています。ネガティブな感情をぶつけても、**「親は自分を受け入れてくれる」という信頼関係が築けると、トラブルに巻き込まれた時、親にヘルプを出しやすくなる**と思うからです。

子どもの気持ちは子ども自身のものです。悲しいから「暴れた」、悔しいから「叩いた」、頭にきたから「物を盗んだ」などの「行動」は注意をしますが、悲しい、悔しい、頭にくるという「感情」はそのまま受け止めてあげましょう。

子どもが頼れる信頼関係を作る

友人の相談は頷きながら普通に聞けるのに、相手が我が子だと「なんでそんなこと言うの？」と叱ってしまったりしますよね。それは、子どもを「ひとりの人間として認めていない」からかもしれません。子どものことも、ひとりの人間として尊重できるようにしたいですね。

Q5

家計に余裕がなく、
子どもを旅行に連れて行ってあげることができません。
惨めな思いをさせていないか心配です。

A5

子どもが旅行に行けないことを惨めに感じるかどうかは、親の態度によると思います。旅行に行けなくても、今いる場所、今ある物で楽しく遊べていれば、子どもが惨めな気持ちになることはないんじゃないでしょうか。

旅行に行くお金があっても、これから先ずっと、欲しい物やサービス全てを買うわけにはいきませんよね。どこかでは我慢をしなくちゃいけない。その時に、親が「お金がなくて嫌だな」「何もしてあげられなくて恥ずかしい」という空気を出してしまうと、子どもは「お金がない＝惨め」なんだと理解してしまいます。反対に、**親が楽しそうなら、子どもはお金がないことなんて気にしないものなのです。**

先日、息子が突然「ジェットスキーに乗りたい！」と言い出したのですが、費用がとても高かったんです。なので、「予算がないから本物には乗らないよ。でも、一緒に作ってみる？」と、段ボールでソリのようなものを作りました。本物とはまったく違うんですけど、息子は乗った気になってはしゃいでいました。**同じ物やサービスでなくても工夫次第で楽しめますし、その方が、親子の思い出になるのではないでしょうか。**

我が子にしてあげられないことに捉われると…

友だちの家、年末は
家族でメキシコに
行くんだって！
僕の友だちは
韓国だよ！
今年はどこにも
連れて行ってないな
本当はいろんな
経験をさせて
あげたいのに
いいなあああ！
来週はピアノの
発表会があるの
ウチは
野球の試合！
私、子どもに何も
やらせてあげていないな
チャンスを作って
あげたいのに
大変だよねえええ！
どんな経験が子どもの人生に影響するかは
わかりません。旅行に行けなくても習い事が
できなくても、惨めに思わなくて大丈夫！

「子どもに必要なのは、ありとあらゆるチャンスではない。自分と真剣に向き合ってくれる親なんだ」と思えるようになり、すごく楽になりました。してあげられないことに目を向けるのではなく、肩の力を抜いて、できることをやっていきましょう！

おわりに

最後までお読みいただき、ありがとうございました。

お金の本の執筆なんて「私にできるのかな……」と当初は不安でいっぱいだったのですが、たくさんの方のおかげで、このような素敵な本を出版することができました。

この本が少しでも、みなさんの「子どもに対するお金の教育」の悩みの役に立てるといいなと思っています。


お金の教育をすると、子どもがお金にがめつい人間になるのではと心配している方も多いかもしれませんが、私はむしろ逆ではないかなと思っています。

飲食店で食事をしている時、店員さんに対して横柄な態度を取るお客さんを見かけることがあります。「お金を払う自分の方が偉い」という、お金についての勘違いは、見ていて悲しい気持ちになります。

「無人島に何を持って行く？」と聞かれて「お金！」と答える人はいないように、人のいない場所ではお金は何の役にも立ちません。

お金は、人と人とを繋ぐためのただの「道具」のひとつです。お金の教育をすると子どもががめつい人間になるわけではなく、むしろお金について理解することで、人との繋がりをより大切にできる大人に成長できると私は感じています。

本書でも紹介している通り、息子には、収入の一部は必ず「あげる」の貯金箱に入れて自分以外の人に使うように話しています。この本の制作中、石川県の能登半島で大きな地震が起こり、たくさんの方が被災されました。微力ですが、私もこの本で得る収益の一部を能登半島地震の義援金に寄付することに決めました。この本を買ったことが寄付にも繋がっているということを、ぜひお子様にもお話ししていただければ嬉しいです。

どんどん進んでいく社会の変化を見ていると、これから子どもたちが生きていく時代がどんなものになるのか、想像もつきません。お金持ちになるかどうかには関係なく、お金の教育で得たことが子どもたちの中に残り、少しでも人生の役に立つことを心から願っています。

最後に、本の制作にたずさわってくださったKADOKAWAの竹内さん、ライターの石川さん、スタジオダンクの石黒さん、長坂さん、イラストレーターのおとみおさん、デザイナーの阿部さん、徳本さん、そして何より、この本を手に取ってくださって、最後まで読んでくださった皆さんに心から感謝しています。

本当にありがとうございました。いつか皆さんにお会いできる日が来ますように。

お金の教育アドバイザー　ひろこ

●著者　ひろこ

お金の教育アドバイザー
アメリカ在住1児の母。日系大手LA支社で経理部勤務。ブロガー、インフルエンサー。主にブログやInstagramなどでアメリカでの子育てについて発信。Instagram総フォロワー数は5.7万人（2024年3月現在）。カードローン地獄から資産総額1000万円を突破した自身の経験から、お金の教育の重要性を痛感。アメリカの一般家庭で行われる、お金の教育のアイデアを7歳の息子と実践し、日本人でも真似しやすいようにアレンジして、専用アカウントで紹介している。

Blog	「カリフォルニアのシンママブログ　アメリカのシンママ日記」 https://sotamandiary.com
Instagram	@hirorokok（メインアカウント） @okane.no.ki（お金教育専用アカウント）

LA在住《ざいじゅう》のママがやっている
アメリカ式《しき》・はじめてのお金《かね》教育《きょういく》

2024年4月1日　初版発行

著者／ひろこ

発行者／山下直久

発行／株式会社 KADOKAWA
〒102-8177　東京都千代田区富士見2-13-3
電話0570-002-301（ナビダイヤル）

印刷所／大日本印刷株式会社

製本所／大日本印刷株式会社

●お問い合わせ
https://www.kadokawa.co.jp/（「お問い合わせ」へお進みください）
※内容によっては、お答えできない場合があります。
※サポートは日本国内のみとさせていただきます。
※ Japanese text only

定価はカバーに表示してあります。

ISBN 978-4-04-606815-6　C0077